残り30年ジャーニー

悔いなき人生を
歩むための50の教え

大住力

KADOKAWA

はじめに　あなたはどこへだって行ける

もし、今日があなたにとって人生最期の日だとしたら、はっきりと、「わたしは悔いなく生涯をまっとうした」と言い切れますか?

わたしはいま、その問いに対して「はい」と即答できるほど充実した毎日を送っています。同時に、まだまだやりたいことが山ほどありますから、もっと生きたいとも願っています。

先の問いに対してわたしが「はい」と答えられるのは、44歳のときに周囲の猛反対を押し切り、勇気と覚悟を持って、新たな冒険へと一歩を踏み出したからです。

知らない世界へ飛び込むのは誰だって不安です。その場所は、波が激しい海かもしれないし、ひとつの星も輝かない真っ暗闇の夜かもしれません。あらかじめ舗装された道なんてないかもしれません。

そのため、不安が先行して最初の一歩を踏み出せない気持ちはよく理解できます。なにせ、わたし自身、「冒険に出たい」と思いはじめてから、最初の一歩を踏み出すまでに7年もかかったのですから。

ご挨拶が遅くなりました。大住《おおすみ》 力《りき》と申します。

２０１０年3月、わたしは44歳のときに、「公益社団法人《こうえきしゃだんほうじん》 難病《なんびょう》の子《こ》どもとその家族へ夢を」（以下、「難病の子どもとその家族へ夢を」）を設立し、現在も活動を続けています。

それ以前は、およそ20年間にわたり、東京ディズニーリゾートを運営する株式会社《かぶしきがいしゃ》オリエンタルランドに勤務し、人材教育をはじめ、東京ディズニーシーやイクスピアリの立ち上げプロジェクトの運営、マネジメントなどに携わってきました。

また、２０１２年には「ソコリキ教育研究所《きょういくけんきゅうじょ》」を立ち上げ、ディズニー式の人材育成やマネジメントのメソッドをベースにした企業の人材育成支援、講演活動なども行っています。

２０２１年には、『一度しかない人生を「どう生きるか」がわかる１００年カレンダー』（ディスカヴァー・トゥエンティワン）を出版。その延長線上の活動として、「自分を変えたい」と頑張っている人の背中を押す講演会やワークショップなどを開催しています。

もちろん、わたしが直接お話しできる人はどうしても限られてしまいますから、今回、「残り30年の冒険を悔いのないものにしてほしい」という想いでこの本を書きました。

残り30年――。

あなたが30代の会社員であれば、それはおおよそ定年までの時間でしょう。

あなたが40代であれば、キャリアの集大成を考えていく時間かもしれません。

あなたが50代であれば、人生の締めくくりの時間へと入っていきます。

もちろん、60代の人にも70代の人にも、それぞれの時間の意味があります。

30年という、長いようでいて、実はとてもとても短い時間——。

でも、すべての年代に共通していえることがあります。それは、あなたはまだまだどこへだって行けるということ。

「不安」と「ワクワク」は、表裏一体の関係にあります。先が見えないからこそ、人は不安に襲われます。さりとて、先が見える人生ほど虚《むな》しく、つまらないものはありません。

そもそも、この変化の大きな時代に、将来を正確に見通すことなど不可能でしょう。

そうであるなら、まだ訪れてもいない未来の危険から身を守るために、自分のまわりに壁を築いて姿を隠しているよりも、自分が生きている「いま、ここ」——つまり、このかけがえのない人生の瞬間を存分に味わいながら、残り30年間を過ごしたいと思いませんか？

実は、本書を校了する直前の２０２４年の8月29日に、わたしは突然、重症の急性膵炎を発症しました。いったんは回復傾向にありましたが、再び体調は悪化。一時は13日間にわたり、39度を超える高熱と嘔吐が続いたほどです。そして、本来２０２４年の11月に予定していた本書の刊行は、２０２５年の3月に延期となったのです。まさか59歳で、心身ともにここまでのどん底を見るとは思ってもいませんでした。

しかし、そんな13日間を過ごしている最中に得た認識があります。

それは、「野性にかえれ」ということでした。

39度を超える高熱と嘔吐が一日中続いていると、意識がぼんやりして、だんだんとわけがわからなくなっていきます。嘔吐するときは当然苦しみから大きな声を吐き出しますし、一つひとつの呼吸すらも、うめきながらなんとか空気を出し入れしているような感じです。それでも最初は、隣室の人に迷惑だと思い、なんとか抑えようと頑張っていましたが、やがてそんなこともいっていられない状態となり、真夜中であろうが早朝の5時だろうが、唸るように呼吸をし、激しく嘔吐する自分がいました。

ただ、そんな苦しみの最中にあって、少しだけ救われるような気がしたことがあります。

それはまさに、そのように「声が出せる」という事実です。

嘔吐したあと、苦しい呼吸の合間合間でか細く声が出てくるようになると、なぜか鼻歌を歌いたくなったのです。実際のところ鼻歌にはほど遠いものですが、忘れかけていたむかしの曲や、ディズニーランドで流れていた曲がふと口をついて出てきました。

「人間というのは、こんなどん底にあっても歌えるものなのか。これが人間の本性なのか」と気づくことができました。

そうした体験から、わたしがいま強く思うことは、「野性にかえり、本能を出せ」ということです。残り30年の人生を本気で生きるならば、変に自分を抑制するのではなく、周囲を気にし過ぎることなく、声を出したいときには声を出し、泣きたいときには大いに泣き、歌いたいときには目一杯歌う。それこそが人間の原点だと思うのです。

本書では、充実した人生を生きるための考え方やメソッドをお伝えしますが、根本にあるのは、人間は「生きる」という本能に戻ることがとてつもなく大切だというメッセージです。

いまはどん底状態でも、わたしにはまだまだやりたいことがたくさんあります。

わたしと一緒に、残り30年の冒険へと出発し、最高の人生を築いていきましょう。

CONTENTS

第1章 冒険前に「現在地」を見つめ直す

第2章 「冒険の地図」を手に入れよ

第3章

冒険に「必要な武器」はあなたのなかにある

第4章

トラブルはマジカルチャンス！

第5章

感動的な冒険は人と人のあいだで生まれる

装丁・ 本文デザイン	阿部早紀子
イラスト	KaZoo
編集	岩川 悟
編集協力	山田智子、辻本圭介、佐藤香奈、横山美和

第1章

冒険前に「現在地」を見つめ直す

人生において、自分がいまどこにいるのかという「現在地」を正確に把握できている人はそれほど多くないでしょう。これから冒険に出る前に、これまで歩いてきた道のりを振り返りながら「現在地」を確認して、しっかりと準備をしていきます。

自分のために
使える時間は4時間。
その時間こそが
「今日」であり、
残された「命」の時間

わたしは59歳です。それなりの年齢ですから、いつの頃からか、春になると桜を眺めながら、「あと何度、この美しい景色を見ることができるだろう」と思うようにもなりました。

あと何度、この場所を訪れることができるだろう？
あと何度、この人に会えるだろう？
あと何度、大切な人たちと大笑いできるだろう？

人生の折り返し地点を意識して以来、わたしはこれまであたりまえと感じていたものを一層大切に思えるようになりました。「これが人生最後のチャンスかもしれない。そうであるなら、いまを存分に味わうことだ」と考えるようになったのです。

わたしと同じように、「あと何度〜」と考える機会が増えているのであれば、あなたも人生を折り返した証拠かもしれません。

もちろん、残り30年の捉え方は人それぞれです。

「30年しかない」と焦る人もいれば、「まだ30年もある」と思える人もいるでしょう。

いずれにしても、まずは、わたしたちに残されている時間を「見える化」することからはじめてみましょう。


前著『一度しかない人生を「どう生きるか」がわかる100年カレンダー』に詳しく書きましたが、仮に、平均寿命や健康寿命を1日（24時間）で捉えるとして、現在のあなたの年齢が「何時何分」になっているかを位置づける、「人生時計」というモデルがあります。


この時計で見た場合、あなたはいま何時を生きているのでしょうか？

厚生労働省が発表した2022年の男性の平均寿命は81・05歳、女性は87・09歳。これを24時間に換算すると、1年は男性が17・77分、女性が16・53分です。

これに現在の年齢をかけて、60で割ると、あなたがいま何時何分を生きているかがわかります。

例えば、わたしはいま59歳なので、これまでに1048・43分を生きてきたことになります。これを時間に直すと17時28分となり、既に夕方の時間に差し掛かっていることが見えてきます。

さらに、健康上の問題で日常生活を制限されずに過ごせる期間である、健康寿命で想定すると、毎週日曜日の夕方に『サザエさん』がはじまる時刻を既に過ぎています。「サザエさん症候群」ではありませんが、こうしてリアルに寿命を捉えると、少し憂鬱な気持ちにだってなりますし、「人生は思いのほか短いのだな」と実感します。

しかも、わたしたちは、1日24時間のすべてを自分のためだけに使えるわけではありません。わたしであれば平均すると1日に7時間睡眠し、8時間仕事をして、移動や食事や身支度など生活維持のために5時間ほどかけています。

すると、残るのはわずか「4時間」しかありません。わたしたちは「自分のためだけの時間」よりも圧倒的に長く、雑事や「他人の時間」を生きているのです。子育てをしている人や、残業をしている人は、もっと自分の時間が短くなるでしょう。

自分のためだけに使える「4時間」をどう生きるか。

わたしは、**この時間こそが「今日」であり、残された「命」の時間だと捉えています。**

「今日」をコツコツと積み重ねていくことが、この先の人生をつくっていくことにつながると考えているのです。

さらに、より人生をダイナミックに変えたいと思うのなら、時間の配分を変えることも有効です。よく、1週間のうち5日働き、週末の2日間を自分の趣味や余暇のために使うという人がいます。または、「仕事は生活のため」と割り切って、時間を犠牲にする人もいます。しかしわたしは、37歳のときに自分の〝役割〟と出会い、「会社のための時間」を生きている余裕はないと感じるようになりました。

お金を貯《た》めたり増やしたりすることはできますが、時間は有限であり、減るばかりです。

そう考えると、2日間の「自分の時間」を確保するために5日間を犠牲にすることに耐えられなくなってしまったのです。そうしてわたしは、44歳のときに会社を退職し、7日間すべてを使って、自分の〝役割〟と感じた難病の子どもとその家族をサポートする活動をはじめたというわけです。

だからといって、みなさんにも「いますぐに会社をやめて、新しい冒険に出よう！」と促しているわけではありません。人にはそれぞれ事情がありますし、冒険にはリスクも伴うからです。あたりまえですが、覚悟がないままの状態で冒険に出発することをおすすめはしません。

でも、これだけはいえます。この本を手に取ったみなさんは、残り30年を充実した時間にしたいと考えているはずです。その第一歩として、まずは**自分に残された時間がいかに少ないか、大切であるかということをはっきりと認識することが大切**なのです。

忘れてほしくないのは、**新しい一歩を踏み出すのは、いつでもいいということ。遅過ぎるということはありません。**どんなことでも、「プロになるには1万時間の訓練が必要だ」とよくいわれますよね？　今日から毎日4時間継続するとすれば、2500日、7年弱で到達できる計算です。それこそ、30年あれば少なくともあと4つの新しいことに挑戦できるでしょう。

ここで大事なのは、あなたに残されている「自分の時間」をできる限り有意義に使うことです。「明日からやろう」「来年からやろう」「定年したらやろう」ではなく、今日から、毎日続けることです。

さあ、いますぐに、冒険の準備をはじめましょう。

あなたの〝役割〟はなんですか？

「What is your mission?（あなたの役割はなんですか？）」

これは、フロリダにある米ウォルト・ディズニー社《しゃ》の研修マニュアルの冒頭に出てくる重要なフレーズです。ディズニーランドで働くスタッフは、常にこの問いかけを念頭に行動しています。この言葉に出会えたことは、わたしの人生にとって大きな転機となりました。

世界で最初のディズニーランドは、１９５５年に米カリフォルニア州アナハイムで誕生しました。創始者であるウォルト・ディズニー氏が、ディズニーランドの構想を思い描いたのは１９４０年代初頭。幼い娘たちが遊園地のメリーゴーラウンドで遊んでいる姿をベンチに座って眺めながら、「なぜ大人も一緒に楽しめる場所がないのだろう？」と疑問を感じたのだそうです。彼は実に15年近くもかけて、54歳のときにその〝役割〟を実現しました。極端な話、残り30年あればディズニーランドをもつくれるということです。

ディズニー氏と同じくらい、わたしの人生に多大な影響を与えたヘンリ・ランドワースさんは、１本の電話によって人生を変えることになりました。フロリダで５つのホテルを経営していたヘンリさんは、ある日「難病の娘が亡くなったので、予約をキャンセルしたい」という親御さんからの電話を受けます。亡くなった娘さんの最後の願いが「ミッキーマウスに会いたい」ことだったと聞いた彼は、「明日の命があるかどうかもわからない難病の子どもたちの願いを叶《かな》えることが、これからの自分の〝役割〟だ」と考えるようになりました。

そこで、彼はすぐに難病を患う子どもたちと家族を支援する非営利慈善団体「ギブ・キッズ・ザ・ワールド」を設立。所有するホテルをすべて売却し、フロリダ州オーランドに約12万平方メートルの土地を購入して、難病を患う子どもとその家族に滞在してもらうための施設を建設したのです。

わたしは、この「ギブ・キッズ・ザ・ワールド」の活動を知り、ヘンリさんと2002年に出会ったことで、人生を大きく変えることになります。

ディズニー氏もヘンリさんも、巨万の富があったから夢を実現できたと思われるかもしれません。もちろん、その事実は否定しませんし、間違いなく大きな武器となったことでしょう。

しかし、**夢を実現するためのもっとも大きな原動力になったのは、豊富な資金ではなく、**

彼らの強力な意志だったはずです。

「Before I die, I will……!（死ぬ前に、わたしは……する！）」

これは、わたしが凄《すご》く大切にしている言葉なのですが、この「……」の部分にあなたはどのような言葉を書きますか？

自分の〝役割〟というよりも、「自分がやりたいこと」や「成し得てみたい夢」などをイメージするのではないでしょうか？

ですが、ヘンリさんは**「生きるということは、いまあなたができることを、目の前の人にシェアすること。その積み重ねだ」**とわたしにいいました。「シェア」という言葉は近頃よく見聞きするようになりましたが、わたしはこのときはじめて耳にして、目の前がパッと開けたような気がしたのです。ヘンリさんとは１時間ほどベンチに座って話し込んでいたのですが、その言葉を聞いてから20分以上、わたしは感動のあまりずっと涙を流していました。

あなたが死ぬまでに「やりたいこと」と、いまのあなたに「できること」。このふたつの円が重なる部分が、あなたの〝役割〟であるとわたしは思うのです。

あなたが「やりたいこと」と「できること」を、一度じっくり考えてみてください。

焦らず自問し続けよう。
〝役割〟を知るときは
必ず訪れる

わたし自身が人生における自分の〝役割〟を見つけたのは37歳のときだと書きました。2002年に放送されたNHKスペシャル『心をいやす魔法の国～それは一人の善意からはじまった～』という番組を観《み》て、フロリダ州オーランドにある難病を患う子どもをディズニーランドに招待する非営利慈善団体「ギブ・キッズ・ザ・ワールド」の活動を知ったのです。

当時、東京ディズニーリゾートを運営する株式会社オリエンタルランドで働いていたわたしは、年に一度「ウォルト・ディズニー・ワールド・リゾート」があるフロリダに出張する機会がありました。「ギブ・キッズ・ザ・ワールド」の活動に感銘を受けたわたしは、その年のアメリカ出張の合間に、創始者であるヘンリさんに会いに行ったのです。勝手に会議を後輩に任せて抜け出してしまったので、帰国後、上司からはこっぴどく叱られましたが、いまとなれば我ながら英断であったと思います。

突然、朝一番に電話をしての訪問にもかかわらず、わたしがオリエンタルランド社の社員ということもあって、ヘンリさんは特別に時間をつくってくれました。初対面のとき、ヘンリさんは「日本人は嫌いだ」とおっしゃいました。その理由を尋ねると、「NHKスペシャルの放映以降、複数のテレビ局が取材に来た。彼ら彼女らは『感動した！　ぜひ力になりたい』といっていたが、その後も連絡を継続してきた人はひとりもいない。日本人は、ただ熱しやすく冷めやすい人ばかりだ！」と憤慨していたのです。

さらに、「ディズニーリゾートはロサンゼルス、パリ、フロリダ、東京と世界に4箇所（当時）あるが、そのなかでもっとも東京が儲《もう》かっている。にもかかわらず、難病の家族を招待する活動をしていないのは東京だけなのだ」と非難しました。わたしはオリエンタルランド社の社員として、そして日本人として、とても恥ずかしい気持ちになりました。

正直なところ、そのときは会社をやめて、難病の子どもとその家族を支援する団体を立ち上げることはまったく頭にありませんでした。でも、「会社のプロジェクトとして東京でも難病を患う子どもと家族を招待できないか」と考え、会社に掛け合いました。

一方で、年1回のアメリカ出張のたびに「ギブ・キッズ・ザ・ワールド」の施設である「ギブ・キッズ・ザ・ワールド・ビレッジ」へ立ち寄り、レストランのホールスタッフやエンターテインメントのボランティアを続けていました。

「ギブ・キッズ・ザ・ワールド・ビレッジ」には200軒近いコテージがあり、レストランやショップ、プールなどが完備されています。全米から集まった難病の子どもとその家族が、昼間はプールで遊んだり、バスケットボールをしたり、レストランで家族団欒《だんらん》を楽しんだりしています。なかには、車椅子を利用したり呼吸器を装着したりしている子どももいますが、みな笑顔で明るい空気に包まれています。

ある夜、ひとりで施設内を散歩していると、外灯に照らされたベンチに座ったふたりの母親が抱き合って涙を流しているではありませんか。日中は、子どもたちと一緒にバスケットコートを笑顔で走り回っていた母親たちが、人知れず涙を流していたのです。子どもの前では気丈に振る舞っていたふたりの母親は、お互いの境遇に似たものを感じ、誰にもいえない気持ちを分かち合っていたのでしょう。

「このまま見ないふりでいいのか？　わたしはこのままでいいのか？」

このとき、怒りにも似た感情がわたしの体の奥底からふつふつと噴き上がってきたのです。それは、社会に対する怒りというよりも、自分自身に対する怒りでした。「ギブ・キッズ・ザ・ワールド」の活動を日本でも実施したいと考えながら、仕事が忙しいと言い訳をしていました。そして、なかなか提案を受け入れてくれない会社のせいにもして、7年ものあいだ**本当の一歩を踏み出せなかった自分への怒り**です。

「これは、どこかの誰かではなく、わたし自身がやるべきことなのだ！　わたしは一体なにを恐れていたのだろう」

その激しい怒りがわたしの人生を大きく変えました。わたしは会社をやめ、難病の子どもとその家族をディズニーランドに招待する活動を、自らはじめることにしたのです。

まだ自分の〝役割〟を見出《みいだ》せていない人は、かつてのわたしのように、**自分のなかの「怒り」に目を向けてみることがひとつの手がかりになる**かもしれません。

普段の生活のなかでふと感じる、「これ、おかしくないか？」「どうしてこうなっているの？」という怒りや違和感に対して、なぜそう感じるのかを自問自答してほしいのです。

そこにある答えが、あなたが自分の〝役割〟を見出し、一歩を踏み出す起点になる可能性は大いにあると考えます。

でも、〝役割〟が見つからないからといって焦る必要はありません。

春秋時代の中国の思想家である孔子《こうし》の言葉に、「五十而知天命（五十にして天命を知る）」というものがあります。これは『論語』の一節ですが、かの孔子ですら、50歳になってから天から与えられた自分の使命を悟ることができたというわけです。

30代、40代の人はもちろん、50代の人だって、当時の寿命がいまよりも短いことを加味すれば、まったく焦る必要はないのです。

自分の〝役割〟や天命を知るのは、人生における究極の問い――。

そんな究極の問いの答えが、簡単にわかってしまったら、むしろつまらないではありませんか。

わたしは幸運にも、比較的早い段階で〝役割〟に出会うことができましたが、それが早いか遅いかによって、価値が変わるわけではありません。

いまはまだ見つからなくても、焦らず自分に問いかけ続けましょう。

答えは、
既にあなたのなかにある

「大住さん、〝役割〟といわれても、そんなに簡単には見つかりませんよ」

人材育成の講演やワークショップに参加したみなさんから、そのような相談を頻繁に受けます。そういわれるたびにわたしは、ディズニー氏の**「He lives in you.（答えは、君自身がもう持っているよ）」**という言葉を伝えます。

ある日、米ディズニー社で会議が行われていました。議論を尽くしても答えが出ず行き詰まっていたところ、たまたまディズニー氏が通りかかったそうです。社員たちはグッドタイミングとばかりに「社長、この案件どうしたらいいでしょう」と判断を仰ぎます。するとディズニー氏は、**「He lives in you.」**といって、笑いながら去っていったそう。

その場にいた社員たちからは不満の声も上がったそうですが、おそらく彼はこういいたかったのではないでしょうか。

「既に答えは出ているじゃないか。自分を信じて、やってみなはれ！」と。

自分のなかにある答えに辿り着くために、ディズニーの人材教育の現場では、**「スウィング（振り子）」**という方法を用います。

例えば、本やセミナーなどでなにかをインプットしたとき、「なるほど、凄いなあ」で終わらせるのではなく、必ずその学びを自分に照らし合わせて考えてみる。つまり、**インプットと、先に述べた「自問自答」を振り子のように行ったり来たりさせながら、成長していこうという考え方**です。

考えるためのきっかけは、外からの刺激によって与えられるかもしれません。それでも、**答えはあなたのなかから導き出される**ということです。

だからわたしは、なにかに迷ったときは、過去を見つめ直し、自分自身に問いかけます。そして、頭に浮かんだ答えを付箋に書き出し、文字として「見える化」させます。

このときに大切なのは、**自分に嘘《うそ》をつかないこと。過去のつらい経験から目を逸《そ》らさず、正当化もせず、自分と正面から向き合って対話する**ことです。

わたしが独立前にスウィングしたときに出てきたのは、「逃げた」という言葉でした。

わたしは高校までプロサッカー選手を目指していたのですが、19歳のときに膝の手術をして、夢を諦めた過去があります。でも、真相は少し違っていました。やめたのは怪我《けが》が理由ではなく、限界を感じていた自分自身から逃げ出しただけなのです。それこそ、わたしと同じ手術を四度経験した元日本代表の中山雅史《なかやままさし》選手は、53歳まで現役を続けていたではないですか。

逃げたという事実を受け入れるまでには、大変な苦痛が伴いました。けれど、**過去の痛みを直視したことで、「これからは絶対に逃げない自分でいる」と決意することができた**のです。そして、「ギブ・キッズ・ザ・ワールド」で涙を流していたふたりの母親の姿を見て、「今度こそは逃げない」と誓ったとき、難病の子どもとその家族を支援する団体を立ち上げる覚悟ができたのです。

自問自答して見つかるのは、痛みだけではありません。過去を探ることで、**これまで気づいていなかった自分の強みを見つけることもできます。**

「わたしには特別なものがなにもない」という人がいますが、仮に30年以上も生きてきたなら、なにも持っていない人などいません。**あなたが毎日あたりまえにしていることは、ほかの人から見れば実は特別なこと**なのです。

自分に問いかけ、自分の答えを探ってください。

そして、それをやってみなはれ！

自分の名前には、人生を輝かせるヒントが隠されている

わたしは、両親が名づけてくれた「力」という名前をとても気に入っています。「エネルギッシュな大住さんにピッタリの名前ですね！」といってもらえることも多く、そのたびに誇らしく、嬉《うれ》しい気持ちになります。

でも過去に一度、「名前を変えてみるか？」と真剣に考えたことがあったのです。

先述の通り、わたしは37歳のときに非営利慈善団体「ギブ・キッズ・ザ・ワールド」の創設者であるヘンリさんと出会い、難病を患う子どもとその家族の支援をしたいと思い立ちました。しかしそこから、「難病の子どもとその家族へ夢を」の設立までに、7年近い月日を要しました。どうしても会社をやめることへの恐怖心を克服できず、踏ん切りをつけることができなかったからです。

グズグズと迷っていた頃、相談に乗ってくれたあるベンチャー企業の社長から、『大住力』という名前の画数がよくない。名前を変えたら事態が好転するかもしれないよ」と改名をすすめられました。

その人の紹介で占い師にも会いましたが、土壇場で思いとどまりました。両親からもらった大切な〝贈り物〟を捨てようとしていた自分の愚かさに気づいたからです。わたしにはふたりの子どもがいますが、子どもたちがいきなり名前を変えたいといったら、改名の自由があるとはいえ、とても悲しい気持ちになるでしょう。タイミングによっては激しい怒りを感じるかもしれません。それを思うと、わたしはなんと親不孝なことを考えていたのか。そんなあたりまえのことに気づけないほど、分別を失っていたのです。

両親に聞いたところによると、もともとは「風太郎《ふうたろう》」という名前に決まりかけていたそうです。しかし、両親が悩んだ末に、「力」に決めたそう。「名は体を表す」とよくいわれますから、「大住風太郎」だったらまるで違う人生を歩んでいたようにも感じます。

そう考えると、**「力」という名前には、「力強く生きてほしい」という両親の願いや希望、そしてわたしへのメッセージが込められていたはず**です。

名前は、人生でもっとも記す機会が多い文字だと思います。目標を紙に書いて目につくところに貼っておくと、その目標が具現化しやすいという研究結果があると聞きますが、同じように、「力」という文字を何度も見ているうちに、知らず知らず影響を受けてきたことでしょう。それゆえ、わたしは力強く生きることができているのだと思います。

芸能事務所でマネージャーをしている人から、「芸名はそのタレントがどうなってほしいかを考えて命名する」と聞いたことがあります。名前によってそのタレントのイメージがつくり上げられていくことは確かですし、名前を呼ばれるたびにその人らしい振る舞いになっていくのだと思います。例えば、芸名が「愛」なら愛情深く、「純」がつけば純粋に生きていこうとするはずです。

その意味では、「名は体を表す（名はそのものの実態を表している）」というよりも、**「名が体をつくる（名前が実態をつくる）」**と言い換えることができそうです。

ディズニー氏の**「He lives in You.（答えは、君自身がもう持っているよ）」**という言葉になぞらえれば、名前は「Ｙｏｕ」の最たるものであり、**答えは既にあなたの名前のなかにある**ともいえるのではないでしょうか。

いま思い返すと、わたしが改名を考えたのは、うまくいかない状況を「なにか」のせいにしたかっただけでした。名前を変えることで自信を持ってアクティブに生きられるのなら、それもひとつの手段だといえます。けれど、その前に立ち止まり、自分の名前を見つめ直してほしいのです。あなたを大事に育ててくれた両親や先祖のことを思い出しながら、名前に込められた願いや自分の原点を考えてみましょう。

きっと、あなたの人生を輝かせるヒントが隠されているはずです。

過去を土台にして、未来の姿からいまを逆算し、人生を感動的なストーリーにする

「Show your Story.（あなたのストーリーを話してください）」

この言葉もまたディズニー氏の口癖で、ストーリーをとにかく大切にしていました。

わたしはオリエンタルランド社に入社した3年目に、「東京ディズニーシー」を立ち上げるプロジェクトに配属されました。このとき、米ウォルト・ディズニー社から来日したスタッフたちは、状況を整理したり、アイデアをかたちにしたりする際に、「ストーリーボード」というツールを使っていました。

スタッフの誰かからひとつのアイデアが提案されると、背景はどうなっているか、ゲスト（お客様）はどんな表情をしているか、どんな服を着ているか、どんな乗り物に乗っているかと、たくさんのアイデアを1枚の絵に落とし込んでいきます。

そうしていくつかの絵を壁に貼って眺めながら、「怖い体験の次に喜びがくるからゲストは感動するんだ」などと意見を言い合ったり、要素を入れ替えたりしながら、感動的なストーリーを紡ぎ出していくのです。

ディズニーでは新しいことをはじめるとき、いまを起点に未来を描くのではなく、**「こうありたい」という未来の姿から逆算して考える「バックキャスティング」**という手法を用います。例えば、東京ディズニーシーは「東京ディズニーランドを超える、まったく異なったテーマパークをつくる」というビジョンから逆算してつくり上げていきました。もちろん過去の経験則も大切にするわけですが、過去のデータや自分たちにできることを積み上げてテーマパークを構築していくだけでは、いまの東京ディズニーシーとはまったく別のものになっていたことでしょう。

わたしたちの人生のストーリーも考えてみましょう。

この先のあなた自身のストーリーを感動的なものにするためには、まず過去の出来事と向き合うことが第一歩です。

自分の過去を振り返るときに、大事なことが5つあります。

❶他人と比較せず、自分とも戦わず、ひとりで向き合う

❷嘘をつかない、正当化しない、言い訳しない

❸視点を変え、「自分が間違っているかもしれない」と仮説を立ててみる

❹一つひとつの事象を点で捉えず、点同士を線でつなぐ（関連性）

❺ものごとをポジティブに捉え、ポジティブな選択をする

このようなスタンスで、あなたはどこで生まれ、どこで育ち、どんな学校に通い、どんな仕事をしてきたのか、過去の所属や出来事を俯瞰《ふかん》して見てみましょう。

すると、ひとつの出来事が次の出来事の発端となり、そこで出会った人が未来に影響を与えていることが見えてきます。一見して関連がなさそうな出来事にも因果関係があり、過去のすべての出来事がいまと結びついていることに気づくはずです。

ところで、「いま」をつくるのは過去だと思いますか？　それとも未来でしょうか？

過去の積み重ねが「いま」をつくっているともいえますが、わたしは「いま」の捉え方次第で、「いま」の位置づけが変わるものと考えます。

例えば、過去にあった凄く悲しい出来事も、あなたの「いま」が充実していれば、「あの経験があったから、いまがある」と前向きに捉えることができますよね。つまり、**「いま」とは過去から見た未来**だということです。

だからわたしは、**過去を土台にしながらも、「こうありたい」という未来の姿を描きながら「いま」を生き、人生を感動的なストーリーにしたい**と願っています。

器の大きさを変えるのではなく、器のなかのものを最大限に活《い》かす

「人の器の大きさは変わらない」。こんなことをいうと、「そんなことはない。努力すれば器を大きくすることはできるはずだ」と反論したくなる人もいるでしょう。

もちろん、成長しようとするその努力を否定する意味ではありません。

ただ、少し考えてみてください。

あなたは、自分の器のなかに入っているものを、隅々まで把握できていますか？

自信を持って「はい」と答えられる人は、ほとんどいないでしょう。

「自分を変えたい」「これまでとは違う人生を歩みたい」と思うときほど、つい自分の外にある新しいことばかりに目が向きがちです。もがいてもがいて、「どこかに鉱脈があるのでは？」と、次から次へと手を出すのが人間という生き物の特質でもあるからです。その気持ちは痛いほどわかります。わたし自身もまさにそのタイプだからです。

わたしの部屋の片隅には、筋トレをしようと購入した腹筋ローラーが、何年も使われずに放置されています。それなのに、懲りもせず新しいトレーニング機器をネット通販で検索する自分がいる……。ツールをいくら手に入れても、しっかり使わなければ腹筋が割れる日なんていつまで経《た》ってもこないのに。

ほかにも、「明日の服装に合わせる黒いシャツが必要だ！」と慌ててシャツを買いに行き、帰宅してクローゼットを開けたら、似たような黒いシャツがハンガーに掛かっているといったことも、しょっちゅうです。ほとほと自分自身にあきれてしまいますが、わたしの器のなかは、存在すらも忘れられたもので埋め尽くされているということでしょう。

だからみなさんも、**自分の器を大きくすることを考える前に、既に器のなかに入っているものの整理整頓をしてみてはいかがでしょうか。**


あなたがもし10代や20代の若者であれば、器を大きくすることや、自分の可能性を広げることに注力してみるのも大事なことかもしれません。

でも、「残り30年」を考える年代に差し掛かっているのなら、無理に器を大きくするよりも、**いま器のなかにあるものを最大限に活かすことを考える**ほうがいいと思うのです。

それこそ、不要なものを手放せば、新しいものを入れるスペースが器のなかに生まれます。つまりそれは、頑張って器を大きくする必要がなくなることを意味します。また、器の中身を棚卸しする途中で、「あれ？　こんなものも持っていたんだ」と、忘れていた大切なものを発見することもあるでしょう。

これから冒険に出るみなさんにとって、荷物は少ないに越したことはありません。残念ながら、年齢を重ねるごとに体力は落ちていきますから、余計な重い荷物を背負って消耗し、冒険のプロセスを満喫することができなくなれば、勇気を出して踏み出した意味がなくなってしまいます。

大事なのは、使うものだけを厳選して器に入れておき、必要なときにいつでも取り出せる状態にしておくことです。

これは、出発する前に、しっかりと準備しておいてほしいポイントです。

大丈夫——。

あなたの器のなかには、光るものが本来たくさんあります。

それを磨き、進化させていけばいいのです。

その行為は器を大きくすることと同等の、いや、それ以上の価値があると思います。

非力を認める

わたしの人生はディズニー氏の言葉に大きな影響を受けていますが、そのなかでも何度となく自分に言い聞かせているフレーズがあります。

「正直に自分の非力を認めることが大切だ。そうすれば必ず熱心に教えてくれる人が現れるだろう」

わたし自身、30代の前半くらいまでは、「地球は自分を中心に回っている」と勘違いしているかのように我が強く、自分の弱さを認めることができない人間でした。「これは自分が考えた仕事だ」「自分なしではこのプロジェクトは進まない」と思い上がっていたのです。

大きな挫折をはじめて経験したのは、オリエンタルランド社に入社して20年近く経った頃に、ある施設をクローズしたとき。わたしはその施設の立ち上げメンバーのひとりだったので思い入れが強く、最後は施設全体のマネジメントもしていました。

8年間営業した施設は、特別なセレモニーもなく静かに閉館する予定でした。ところが最終営業日、閉館時間の夜9時が近づくと、どこからともなくゲストが集まってきてくれたのです。

わたしは急遽《きゅうきょ》、デパートの閉店のようにスタッフを全員並ばせて挨拶をしました。すると、集まったゲストから「いままで、ありがとう！」と大きな拍手が沸き起こったのです。

正直、耳を疑いました。サービスを提供する側が「ありがとうございました」ということはあっても、ゲストから「ありがとう」の言葉を頂くことはないと思っていたからです。本当に驚きました。

その瞬間、自分がつくり上げたと感じていた場所は、実はゲストによって支えられていたのだと悟ったのです。「なんと自分は傲慢だったのか……」と恥ずかしくなりました。

一列に並んで挨拶しているスタッフを見て、施設運営に尽くしてくれた彼ら彼女らの力の大きさも実感しました。**自分ひとりで完結する仕事など存在し得ない**のに、それに気づくのに20年もかかるとは、あまりに愚かです。

この経験は、わたしの仕事観を大きく変えました。「周囲のスタッフたちは、わたしの指示がなければ動けない非力な存在だ」と考えていたわたしこそ、非力だったのです。

それでも、自分が非力な人間だと自覚するのは耐え難いことでした。というのも、わたしの名前は「力」であり、非力とは「力に非《あら》ず」ということを意味するからです。自分自身のアイデンティティを否定されたようで打ちのめされました。でもすぐに、この気づきをきっかけにして、もう一度、新たな「本物の力」になろうと思い直したのでした。

自分が非力であると知っている人は強い――。

古代ギリシアの哲学者であるソクラテスの**「不知の自覚（自分がなにも知らないことを自覚するという意）」**に倣うと、「非力の自覚」とでもいうのでしょうか。

自分に力がないことを自覚できている人は、自分の弱さと真摯に向き合い、真の力をつけようと努力することができる人だと思います。

わたしは非力を自覚したことで、「目の前の人を幸せにする」という原点に戻るため、ゼロから再出発を図る覚悟ができました。それこそ、会社をやめて独立してからは非力を感じることばかりです。これまでいかに会社の力で仕事ができていたのかを痛感させられています。

でも、**「自分は特別な人間ではない」と自覚できたことで、いまのわたしは死ぬ気で仕事に取り組むことができています**。そして、先のディズニー氏の言葉通り、非力なわたしの取り組みに、多くの人が力を貸してくれているのです。

特別な1回よりも、
1回でも多く積み重ねる

「新しい一歩を踏み出すには、まずなにをすればいいですか？」とよく聞かれます。

その答えはとてもシンプルで、**「迷わず、まず動く」**です。

あなたが持っている貴重な「自分のためだけの時間」に対して、ただ悩んでいるだけで行動しないのは、あまりにももったいないと思いませんか？


マラソンをはじめてみようと思ったなら、そのままの服装で、靴だけ履き替え、とにかく家を一歩出てみればいい。ランニングウェアに着替えようとしているあいだに、気持ちなんてすぐ変わってしまいます。だからこそ、**思い立った瞬間、すぐ行動に移す**のです。

一歩目が出れば、二歩目が出る。まずは1日、2日……続けて5日……10日……。距離は200メートルを走ることからはじめれば十分です。毎日続けていれば、リズムが出てきて、走らないことが気持ち悪くなってきます。「だんだん走れる距離が長くなってきた！」「痩せてきたぞ！」と自分の成長を感じられるようになればしめたものです。

「大住さんは、どうやってモチベーションを維持しているのですか？」と聞かれることもあります。実は、**ディズニー式の人材教育には「モチベーション」という言葉は出てきま**

せん。モチベーションは個人の意思に紐《ひも》づくもので、日によって違うのがあたりまえだからです。わたしも、気持ちが漲《みなぎ》って朝の5時から仕事をする日もあれば、眠くて起きられない日もあります。そうであるなら、個々のやる気に左右されるのではなく、チームとして機能的に動くのが大事だというのがディズニー式の考え方です。

そこでわたしは、**モチベーションアップよりパフォーマンスアップを重視**します。そもそも、モチベーションを維持することに重きを置いていないのです。なぜなら、モチベーションが湧くのを待っていても、ただ時間だけが経ってしまうからです。**大事なのは、どんな状況であってもコンスタントに、今日のタスクや課題をやり遂げること**です。

特に、朝起きた瞬間が勝負。わたしは起床するとすぐに、初代高橋竹山《たかはしちくざん》の『津軽じょんがら節』を聴いて、それから水をがぶがぶと飲みます。歯を磨くレベルの日常動作も含めて、やる気の有無にかかわらず、自分が決めたことを毎日ただただ、リズムよくやり続けるのです。それらのルーティンを習慣化して無意識にできるようになれば、別のことに意識を集中でき、パフォーマンスが上がっていきます。

そしてなにより大事なのは、**移動や雑務、仕事以外の「自分のためだけの時間」を有効に使うこと**です。新しいことを学ぶのか、明日のために休むのか、いまの〝役割〟を前に進めていくのか——。自分の将来のために、それを毎日欠かさず続けていくのです。

どんな小さなことであっても、**自分との約束を果たしていれば、自然と自信が生まれます。**わたしは、ゴールに近づく唯一にして最短の方法は、自分で決めたことを日々積み重ねていくことだと考えています。

だから、**特別な1回よりも、1回でも多く積み重ねていくことを重視**しています。

毎日の積み重ねの過程で、どうしても腰が重くて上がらない日もあるでしょう。わたしも、毎月の経理作業は好きではありません。ついつい、後回しにしたくなります。

そんなネガティブ思考をなくすコツは、「これをやり遂げたら自分はどんないい顔になっているだろう?」「最高の気持ちになれるはずだ!」と、**達成した未来の自分を想像すること**です。

すると、やり遂げたあとの爽快感をイメージし、気分が高揚してきて、「よし、早くあの顔になってやるぞ!」と面倒なことにも着手しやすくなるのです。

失敗のまま
やめてしまわない限り、
それは失敗ではない

「石の上にも三年」ということわざに象徴されるように、日本ではどんなことでも、ただ長く続けることを美徳とする風潮があります。そうした刷り込みにより、一度はじめたことに関しては、簡単にやめることができないと多くの人が思い込んでいるようです。するると、慎重に熟考してからスタートしようとするため、準備しているあいだに気持ちが冷めてしまいがちです。

そこでまずは、この**「やめてはいけない」というマインドをなくしましょう**。朝令暮改、上等です！　わたしにも途中でやめたことなんて山ほどあります。

「ところで大住さん、あれだけ気合を入れてやるといっていたのに、いまはまったくやっていないじゃないですか」とスタッフにあきれられることも日常茶飯事です。

動いてみたらうまくいかなかった、もしくは別の方法がいいことがわかったということもよくあります。もっとやりたいこと、優先順位の高いことが出てくる場合もあります。そういうときは、「ごめんなさい！」で構わないのです。

わたしは新しいことをはじめるとき、６割程度のイメージが固まったらプロジェクトをスタートさせます。これは、不安を残したまま見切り発車するということではなく、たとえ考え尽くしてからはじめても、自分の力ではどうしようもない想定外のことがたくさん起こるので、**最初の準備は6割くらいで十分**と考えているのです。

「難病の子どもとその家族へ夢を」を設立したときには、その直後に東日本大震災が発生し、1年かけて準備してきた計画のすべてが崩れ去りました。2020年3月に、「Hope&Wish バケーションハウス 青《あお》と碧《あお》と白《しろ》と沖縄《おきなわ》」（「難病の子どもとその家族へ夢を」が管理・運営する社会貢献型の宿泊施設。以下、「青と碧と白と沖縄」）をオープンした際は、まさにコロナ禍で観光業が大打撃を受けはじめた時期でした。

さすがにこれらは極端な例かもしれませんが、万全の準備で臨んでも計画を変更せざるを得なくなることは珍しくないのです。だから、「違った」と思えば軌道修正すればいい。

「難病の子どもとその家族へ夢を」で行っている「ウィッシュ・バケーション（支援者からの協力により、旅行中の身体的ケアや金銭的な面も含め、難病を患う子どもとその家族全員に楽しんでもらう2泊3日のバケーション）」では、参加した家族の声を反映して、その都度ブラッシュアップを重ねてきました。

はじめた当初は、滅多にない家族旅行なのだからと、東京ディズニーランドはもちろん、最高のレストランにも案内したいし、東京観光もしてほしいと、プログラムを詰め込み過ぎていました。ですが、スケジュールを詰め込むほど参加者は疲弊します。相手のことを考えず、いろいろな場所へ連れ回し、夜8時頃にホテルへ帰ってきて、翌日も早朝に出発するなんてことを平気でやっていたわけです。完全に空回りしていました。

でも、参加者が求めているのはそういった詰め込みではないと気づき、スケジュールを改善したいまは、東京ディズニーランド内のアテンドは午前中だけで終え、午後は家族だけでゆっくり過ごしてもらうようにしています。

最近は、「失敗を恐れる風潮」が強くなっているとよくいわれますが、失敗とは挑戦を続けるプロセスにおける一側面に過ぎません。**失敗のままやめてしまわない限り、それは失敗ではない**とわたしは考えています。

間違えたと思えば修正し、よりよいものをつくり上げていけばいいのです。一度はじめたことでも、違うと思えば引き返しても構いません。別の道を行ってもいいでしょうし、目指すゴールすら堂々と変えていいかもしれません。それは、行動を起こしたからこそ気づけた結果であり、ただじっと考えていても理解できることではありません。

考えて、行動し、また考えてと、動きを止めないことが大切なのです。

「いま、ここ」を、精一杯生きる

オリエンタルランド社に入社して間もない頃、ディズニー氏の研究会やサークルを立ち上げ、彼の人生や仕事に対する視点・考え方を学ぶ機会をスタッフに提供していました。ディズニー氏の数ある名言のなかで、わたしがもっとも重視してきたのは、**「Now and Here（いま、ここ）」**の精神です。

人間誰しも、過去を変えることはできません。未来だって思い描いたようにはいかないでしょう。だからこそ、**過去でも未来でもなく、「いま、ここ」を精一杯生きること**だと考えているのです。

日本全国には、約25万人の難病を患う子どもたちがいるといわれています。すると、彼ら彼女らに対して「かわいそう」「大変そう」と同情する人がいます。

けれども、わたしがこれまでに出会った家族は決してかわいそうでも不幸でもありませんでした。むしろ自分の命を燃やし、いまを本気で生きている人たちで、わたしよりもずっと前向きで、一生懸命に命を使っている人ばかりです。

そんな彼ら彼女らに対し、「人生がつまらない」「やりたいことがない」とぼんやりと生きている人がなんと多いことでしょうか。説教をするつもりはありませんが、ただいえるのは、**「いまのままでは、ずっといまのまま」**だということです。

わたしはこれまでに、３００組以上の難病を患う子どもとその家族と交流してきました。なかには短い命でこの世を去ってしまう子どももいます。「息子が亡くなりました」「娘が亡くなりました」と連絡を頂くと、わたしはできる限り告別式に参加します。そしていつも、「本当に、逃げずによく生き抜いたね！」とただただ褒めてあげたいと思いながら見送ります。わたしより随分年下の子どもたちから、たくさんの学びや勇気をもらいます。

よくいわれますが、**「今日という日は、亡くなったあの人が生きたいと切望した日」**です。今日を生きるということは、あたりまえではないのです。わたしはいつも亡くなった子どもたちに見られている気がして背筋が伸びる思いですし、恥ずかしい生き方はできません。

わたし自身、死を強く意識した経験があります。あれは、30歳になったばかりの頃でした。年に一度の健康診断で、胸部に影が見つかったのです。急遽入院して腫瘍を摘出したのですが、腫瘍は予想以上に大きく、担当した医師は「おそらく悪性だろう」と家族に伝えていたそうです。精密検査の結果、良性だということがわかりましたが、その経験によって、「後悔のないよう、いまを懸命に生きなければ」という考えが強くなりました。また、病院のベッドの上で自問自答する時間を得たことも、人生の転機になりました。それまでは、イタリア製のスーツや真っ赤なレザーコートを着て出社するような、我欲を優先する、いわゆるイタい奴だったのですが、生き方が１８０度変わったのです。

最近、「死の疑似体験」ができるサービスが人気だという記事を読みました。生きている人間が遺書を書いたあとに棺桶《かんおけ》に入り、その姿をカメラで撮影するというサービスです。批判もあるようですが、**死を意識することには大きな意味があります**。わたしは病気をして否応《いやおう》なく死を意識させられたことで、より鮮やかに「生」を感じられるようになりました。

画家のパブロ・ピカソは、**「明日に延ばしてもいいものとは、やり残して死んでも構わないものだけだ」**という言葉を遺《のこ》しています。

やり残して後悔しないために、**「いま、ここ」に集中して生きたい**と考えています。

第2章

「冒険の地図」を手に入れよ

「現在地」を把握したら、次はそこからどこへ向かいたいのかという、これから30年の冒険の目的地を決めていきます。みなさんがそれぞれの目的地へ迷わず、ワクワクした気持ちで進んでいけるように、「冒険の地図」の描き方をお伝えします。

自分は、「探す」のではなく「探る」もの

ほぼすべての人が、「将来はなにになりたいの？」と、親や先生から何度となく聞かれて育ったはずです。もちろん、夢を持つことは悪いことではありませんが、この大人たちからの問いかけは、業種や肩書きにとらわれているものでもあり、知らず知らずのうちに子どもの可能性を狭めてしまう〝呪いの言葉〟のようにも感じます。

人生において大事なことは、「なにかになる」ことではなく、「どうありたいか」だと考えるからです。

わたし自身、小さな頃からプロサッカー選手になることが夢でした。それ以外の道は考えていなかったので、大学時代に怪我をしてその夢が絶たれたとき、心に大きな穴がぽっかりと空いたようでした。

「なぜ」サッカー選手になりたいのか？　サッカー選手になって、「なに」を実現したいのか？　サッカーを通じて「どうありたいのか」？　それらをしっかりと深掘りできていたら、怪我をしてから早い段階で別の道を見つけられたかもしれません。

「サッカーが好きだからずっと続けたい」という理由でサッカー選手になりたいのであれば、必ずしもプロである必要はないでしょう。働きながらサッカーを続ける選択肢もあります。サッカーを通じて成長することができたからその恩返しをしたいのであれば、指導者になる道もあります。サッカー選手の怪我を治療するドクターになるのも、恩返しのひとつかもしれません。日本《にほん》サッカー協会《きょうかい》の職員やJリーグクラブのフロントスタッフ、スポーツライターやフォトグラファー、スポーツ用品店のスタッフなど、関わり方はたくさんあるのです。いまはまだ名前のない、サッカーに関連する新しい仕事を生み出すことだって可能です。

お伝えしたいのは、**まず自分が「どうありたいか」、その自分のありたい姿から道を探ったり、つくったりしていけばいい**ということです。いまある業種や職種、肩書きといった枠組みに、自らを無理にあてはめる必要はありません。

仕事に関していうと、**よく、「自分探しの旅に出る」という話がありますが、そうした欲求は、大抵の場合は現実逃避から生まれるもの**です。「仕事がつまらない」「この仕事は自分に合っていない」「自分にはもっとふさわしい場所があるはずだ」と嘆く人もいますが、世の中には「面白い仕事」と「つまらない仕事」があるわけではありません。少し厳しい言い方になりますが、**仕事が面白くないのは、仕事のせいではなく自分のせい**なのです。

最初から面白い仕事など、ほとんど存在しないのが現実です。特に、新人のうちから大きな仕事や面白みを感じる仕事を任されることは稀《まれ》ですし、仕事の仕組みがよくわからないうちは、とにかく与えられたいま目の前にある仕事に全力を尽くすしかありません。そうしているうちに、あとになって大きなチャンスにつながることはよくあります。

オリエンタルランド社に入社して3年目に、わたしは「新テーマパーク事業部」という、東京ディズニーシーを立ち上げるためのプロジェクトチームに配属されました。下っ端だったわたしのメイン業務は、毎日のようにアメリカ本社から送られてくる図面をコピーすることでした。でも、その業務が面白いわけがなく、「新しいテーマパークをつくるためにこのチームに加わったはずなのに、一体なにをやっているのか」ともやもやしていました。

でもある日、その図面を1枚1枚しっかりと読み込んでみると、そこにはテーマパークのつくり方のすべてが記載されていることに気づきました。その瞬間、単なるコピー取りの時間が、テーマパークのつくり方を学ぶ絶好の機会へと変わったのです。

２０２1年に、先述の『一度しかない人生を「どう生きるか」がわかる１００年カレンダー』を出版後、セミナーを開催する機会が増えました。人生に悩みを持っている多くの人に参加して頂いていますが、ほとんどの人が次の3つの自分探しの罠《わな》に陥っているようです。

❶ずっと自分探しを続けて「ふらふら」している

❷将来の目標は定まっているけれど、できない理由ばかり並べて「ぐるぐる」と回り続けている

❸やるべき行動も決まっているけれど、あと一歩のところで踏み出す勇気を持てず、「うじうじ」している

まずは、自分がどの罠に陥っているか見極めてみましょう。

それぞれにわたしからのメッセージをつけておきます。

◆「ふらふら」している人へ

確実にいえるのは、**自分を探してもどこにも見つからない**ということです。サッカーをやめたあと、「自分探しの旅」をした経験があるわたしがその証明です。「狭い日本におさまらずに、グローバルな人間になりたい」と理屈をつけて海外へ出てバックパッカーの旅をしていましたが、要は逃避しただけでした。自分の軸が定まっていないあいだは、どこへ行っても自分を見つけることは不可能です。**自分は、「探す」のではなく「探る」ものであり、常に自問自答する**ことです。答えは外にあるのではなく、あなたのなかにあります。

◆「ぐるぐる」している人へ

ぐるぐるループを抜け出したいなら、心にブレーキをかけているものがなにかを明確にしてみましょう。そしてそれを解消するためにこそ、**とにかく行動を起こす**ことです。既に目標が決まっているのですから、実現するための方法・手段を考えれば必ず見つかります。行動すれば、おのずと不安は消えていきます。

◆「うじうじ」している人へ

本書は、みなさんの背中を押すために書いています。ですが、どれだけ強く押しても、あなたが一歩を踏み出さない限りなにも変わりません。**どんな小さなことでもいいので、「いま、ここ」から、まずはひとつはじめてください。**

いま何歳であっても、〝最高傑作〟はこれからつくれる

ディズニー氏の言葉に、**「ディズニーランドは永遠に完成しない」**というものがあります。東京ディズニーランドは、２０２３年に開園40周年を迎えました。そして、いまなお進化し続けています。

ディズニー社は、**「Give Happiness（幸せを提供する）」**という企業ミッションを持っています。ディズニーがゲストに提供できる「幸せ」とはなにか？　幸せの感じ方は千差万別であり、人の数だけ幸せは存在します。幸せを提供することにゴールなどないし、改善できるところは常にあります。だからこそ、**「これでいい」という瞬間が訪れることは永遠にない**というわけです。

時代によって、求められるものは変化します。また、はじめて訪れたゲストと10回目のゲストでは望むものが異なります。おもてなしにも答えはありません。レストランのメニューやゲストの案内方法、商品のディスプレイの仕方など、細かな点が常に見直され、40年以上経ったいまでも試行錯誤が繰り返されています。

わたしたちは、自分の〝役割〟を果たし、幸せになるために生きています。

だから、人生という冒険も永遠に完成することはなく、「これでいい」と満足してしまったら、そこで人間としての成長も止まってしまうのではないでしょうか。

「喜劇王」として知られる俳優・映画監督のチャールズ・チャップリンは、「あなたの最高傑作はなんですか?」と記者に聞かれた際、**「Next One（次回作だよ）」**と答えたという有名なエピソードがあります。

これは人生にもいえることで、どんなに成功を収めたとしても、それは人生の一過程でしかありません。「いまが人生最高のときだ!」と感じるような感動的な瞬間にも、必ず続きがあります。**物語はあなたが死ぬ瞬間まで続いていく。いつまでも過去の栄光に酔いしれて、そこで歩みを止めてしまったら、それ以上の「Next One」を見ることはできません。**

逆もまた然《しか》り、です。「最悪だ!」と絶望しても、そこは単なる通過点でしかありません。そこで人生が終わるわけではないのだから、最悪の状況だと思っても、そこから半歩でも一歩でも足を前に動かせば、あなたから見える景色は必ず少しずつ変わっていきます。

ディズニー氏は、先の言葉に続けてこうもいっています。

「この世界に想像力が残っている限り、成長し続ける」

ここでいう想像力とは、それこそディズニーランドが生み出されたように、それまでになかった新しいことをつくり出すことだけではありません。

日々の暮らしや仕事のなかで、いま目の前にいる人がなにを求めているのか、その言葉や行動から慮《おもんぱか》ってみること。周囲の人にどうしたら幸せを提供できるかを本気で考えること。そうした営みこそが真の想像力であり、ひいては、自分自身を成長させてくれる力になると思うのです。

人生には、正解などありません。だからこそ、想像力が必要なのです。夢や目標を聞かれると、なにか大きなことや立派なことを成し遂げなければと思いがちですが、**本当に大切なのは、いま目の前の人を幸せにすることではありませんか？**

わたしの現在の活動も、先に述べた「ギブ・キッズ・ザ・ワールド」で出会った、泣きながら抱き合うふたりの母親を幸せにしたいという想いが起点になっています。

目的地を決めかねている人は、いま目の前にいる人をどうすれば幸せにできるかを想像してみましょう。そして、いま想像したことを実際に行動に移してください。

あなたがいま何歳であっても、〝最高傑作〟はこれからつくることができます。

「生きるとは、与えること」

「ギブ・キッズ・ザ・ワールド」の創設者であるヘンリさんとはじめて会った日に、こういわれました。

「Give and Give.」

「与え、さらに与えよ」という意味です。

このときわたしは、「Give and Take.の間違いでは?」と間髪いれずに言い返しました。

すると、彼はニヤリと笑い、**「わたしが思うに、Give and Take.を言い換えればMake a Living.(毎日を暮らす)だ。でも、Give and Give.はMake a Life.(人生を生きる)ということ。暮らすと生きるとは、まったく違う。君はどっちなのだろう?」**と優しく問いかけました。

わたしは、その問いに対し即答することができませんでした。あたりまえに朝が訪れて、あたりまえに会社に行き、働いたぶんだけ毎月の給料をもらう。その繰り返しになんの疑問も持たずに生きてきたので、「暮らしているのか、生きているのか」なんて、それまで考えたことがなかったのです。

「リキ、Give and Give.は簡単なことだよ」とヘンリさんは続けます。

「いま君ができることを、目の前にいる人に差し出すだけでいい。すべてを与えてしまうと、君のほうが危うくなる。そうではなく、できることを分ければいいんだよ」

そしてこうわたしに語りました。

「生きるとは、与えることだ」

この言葉をきっかけに、わたしは自分の人生を見つめ直し、それから7年後の2009年にオリエンタルランド社を退職しました。しかし、「Give and Give.」の真意を理解できるようになったのは、難病の子どもとその家族を支援する活動を通じて、子どもたちから多くのことを教えられてからでした。

ギブの意味を教えてくれたひとりが、体に不自由があるカンちゃんという男の子でした。はじめて会ったときから、カンちゃんは最高の笑顔を見せてくれました。「とても表情が豊かな子だな」という印象を持ったことを覚えています。

カンちゃんは以前、下肢の障がいを治すための手術によって、逆に状態が悪化してしまったという経緯があります。その手術により、首から下が動かなくなってしまったのです。手術直後は、予想をはるかに超えた悪い状態になってしまい、「生きている意味なんてない。ママ、僕を殺して」というほど絶望に打ちひしがれていました。

しかし、生きる意味を見つけられず過ごしていたある日、病院にいた母親がニコッと笑いかけてくれたそうです。

「ママ、いまどうして笑ったの？」

「あなたが可愛《かわい》らしいからよ」

その瞬間、カンちゃんは希望を見つけました。

「僕にはまだできることがある。体は動かなくても誰かを笑顔にすることができるんだ」

それ以来カンちゃんは、来る日も来る日も鏡に向かって、変顔の練習をしていたそうです。それはすべて、自分の周囲にいる人すべてを笑顔にするためです。

「わたしにはできることはなにもありません」と臆面もなくいう人を見ると、正直わたしは、腹が立ってしまいます。カンちゃんは、首から下が動かなくても、たくさん与えています。**なにもできない人など、この世には存在しない**のです。

自分自身を、決してみくびらないでください。

誰にだって、できることは必ずあるのだから。

人はただ
生きているのではなく、
人に生かされている

「世のため人のためになり、ひいては自分のためになることをやったら、必ず成功します」

これは、実業家として有名な松下幸之助《まつしたこうのすけ》さんの言葉です。わたしは59年間生きてきましたが、この言葉を、実感を伴って理解できるようになったのは、つい最近のことです。

「難病の子どもたちとその家族の支援をしています」と話すと、ほとんどの場合「それは立派ですね」「偉いですね」という言葉が返ってきます。人の死を目の当たりにする機会も多いので、「つらくなりませんか?」と気遣ってくださる人もいます。

でも、わたしは自分が立派なことをしているとも、つらいともまったく思ってはいません。むしろ、難病の子どもたちとその家族が懸命に命を燃やしている姿を見て、いつも勇気をもらっています。

毎日を本気で生きている彼ら彼女たちからは、学ぶことばかりです。

わたしたちが行っているウィッシュ・バケーションは、もともとは「ミッキーマウスを見たい」という子どもたちの願いを叶えるためにはじめた、「世のため人のため」の活動でした。

しかし、わたしは難病の子どもたちとその家族に接するなかで多くのことを学び、人間的に成長することができました。

まさにこの活動は、結果的に「自分のため」にもなっていたのです。

自分が得たこの学びを多くの人にシェアすることは、社会にとっても意義のあることだと考えたわたしは、難病の子どもと家族をアテンドするボランティア活動を、企業の研修プログラムとして提供することにしました。

日本には児童・青少年育成に関する非営利団体が2000ほどあるのですが、そのほとんどが寄付金や助成金により運営されています。ありがたいことではありますが、寄付が途絶えてしまったら活動が続けられなくなるというのは団体として脆弱《ぜいじゃく》な状態です。

わたしの〝役割〟は団体をただ立ち上げることではなく、継続していくことにあります。そこで、団体の活動基盤をより強固にするために、企業から支払われる研修プログラムで得た利益を、団体の活動のための資金に充てる仕組みを考えました。企業にとっては、普段のビジネスとは異なる活動を社員が身を以《もっ》て体験することで、自社のビジネスの意義や目的を見つめ直し、製品・サービスの質を磨いていくことに役立ちます。ESG経営（環境・Environment、社会・Social、ガバナンス・Governanceの頭文字を合わせた言葉で、現代の企業経営にとっては必須ともいえる取り組みのひとつ）や、企業の社会貢献の必要性が叫ばれる昨今ですが、ただの掛け声だけでなく、地に足のついた研修プログラムは、企業にとってメリットが大きいものといえるでしょう。

こうして、難病の子どもとその家族にとっても、企業にとっても、わたしたち団体にとっても、そして社会にとっても、関わるすべての人に有益なモデルを構築することができたのです。

わたしたちは、**ボランティアがサービスを「提供する側」、難病と闘う子どもとその家族は「受ける側」とは考えていません。両者はあくまで対等な関係であり、「上から下へ」一方的にサービスを提供するものではないからです。互いに学び合い、全員がハッピーになることに大きな意味がある**と考えています。

ウィッシュ・バケーションは2泊3日を基本とし、東京ディズニーランド以外にも各方面から協力してもらい、様々なプログラムを用意しています。

なかでも好評なのが、ヘアサロンでのサービスです。日頃、子どもの世話や仕事で忙しく、ゆっくりと髪を整える時間がない母親、父親に自分をケアする時間を持ってほしい。

そして、親がおしゃれをする姿を見て、子どもたちに「ママ、パパ、綺麗《きれい》になったね！」と笑顔になってもらいたい。そういったコンセプトではじめました。

子どもも親も、とても満足度の高いプログラムに育っています。

ヘアサロンのスタッフは、みなさんボランティアです。少しでも家族に喜んでもらおうと、店内を風船で飾りつけしてくれたり、ぬいぐるみを用意してくれたりと、自発的に工夫を凝らしてくれます。

あるとき、子どもと母親が髪をカットしてもらっているところを見て、父親が嬉しさのあまり泣き出してしまったことがありました。

すると今度は、その姿を見たヘアサロンのスタッフが、「わたしたちが好きでやっている仕事は、こんなにも人を幸せにできるのですね」と感激の涙を流しはじめました。

おそらくそのヘアサロンのスタッフは、「髪の毛をカットすることでお客様を幸せにする」という自分の仕事の本質を再認識されたのではないでしょうか。

ほかにも、ボランティアとして参加してくれたある製薬会社の人が、「普段は直接、患者さんと触れ合うことはできませんが、病気を患う人と直接交流することで、僕たちの仕事の意義を実感しました。いつも自分がしている仕事に誇りを持つと同時に、薬を提供する先の先までを考えて、仕事に取り組めるようになりました」と話してくれたこともありました。

こうした話を聞くと、つくづく**人は人に生かされているの**だと痛感します。

誰かを支えているようで、誰かに支えられている。
誰かに与えているようで、誰かに与えられている。
人はただ生きているようでいて、人に生かされている。

劇作家であり詩人としても有名なウィリアム・シェイクスピアは、**「命は神様からの借り物だ」**という言葉を遺していますが、まさにその通りだと感じています。

人間は自分の意思とは関係なくこの世に生を受け、多くの人の存在と支えがあってこそ、生きることができます。

自分が人に生かされていることに感謝しながら、命をお返しするときまで、全力で生きなければと思うのです。

「総合点」よりも、「専門点」を伸ばす

学校には通知表のようなものがあるため、「総合点」によって評価される機会が多いと思います。そして企業でも、わたしが就職活動をしていた38年くらい前から、男女雇用機会均等法が施行された関係もあり、「総合職」といわれる職種の募集が開始されました。

総合職に配置された人は、将来的に管理職になることを期待され、幅広い業務を経験させられます。つまり企業は、オールラウンダーを求めていたといえるかもしれません。

「総合点」を上げるために、苦手なことを克服するか？　それとも得意なことを伸ばせばいいのか？　これは受験でも仕事でも、長きにわたり議論されてきた点です。仮に試験で考えてみると、苦手科目を60点から80点に底上げするほうが、得意科目を80点から１００点へ伸ばすよりも取り組みやすいかもしれません。

しかしわたしは、**オールラウンダーを目指すよりも一点に集中することが大切**だと考えています。つまり、**「専門点」を伸ばす**という考えです。どんなことでも10年くらい続ければ、一人前になれます。例えば、わたしは約20年間オリエンタルランド社で働いた経験があるため、少なくともふたつは誇れるものがあります。

ひとつは長年携わった「人材教育」で、もうひとつは、周囲の人が教えてくれた「コミュニケーション能力」でした。

難病を患う子どもとその家族にバケーションを楽しんでもらうウィッシュ・バケーションでは、親御さんに心のなかを打ち明けてもらう、「ペアレンツ・パーマネント・ダイアログ」を実施しています。その際によく、「大住さんはぐいぐい話を聞いていきますね」「コミュニケーション力が高いですね」といわれます。それまであまり自覚していなかったのですが、確かにそうなのかもしれないと思いはじめました。「なぜだろう?」と自問自答してみると、東京ディズニーランド内でジャングルクルーズの船長をしていたことや、カストーディアルキャストを2年ほど務めていたことにルーツがあるのではないかと思い至ったのです。

ジャングルクルーズの船長は、1周13分46秒を1日に約20回、ひとりでゲストに向かって喋《しゃべ》り続けます。カストーディアルキャストは、パーク内外の清掃に加えて写真撮影や道案内をする役割を担っており、毎日100人以上の人と話します。賑《にぎ》やかな修学旅行の学生たちや、入場規制で入れずクレームをいうゲスト、お酒に酔ったゲスト……。様々な人と話すなかで、知らず知らずのうちにコミュニケーション能力が身についていたのでしょう。

「専門性」というと、特別な資格や技能を持った、ひとつの道を極めていること、というイメージがあり、ハードルの高さを感じるかもしれません。でもまずは、「初対面の人とも楽しく会話ができる」「計算が早い」といった、**学校のクラスや会社の部署内の規模で一番できるくらいの特技で十分**です。66ページに書いた「自分探り」をして、得意なことを見つけ、あとから知識を加えていけばいいのです。

わたしは「話を聞くのがうまいですね」といわれたことをきっかけにコミュニケーション論に興味を持ち、さらに勉強を重ねました。人材育成に関してもオリエンタルランド社の方法しか知らなかったので、44歳から大学院に3年間通い学び直したのです。

あまり大袈裟《おおげさ》に考えず、まずは人よりも少し得意なことを見つけて、学んでみる。ひとつに絞ることが怖いならば、いくつか専門性を持っていてもいいでしょう。**複数の専門性を掛け合わせれば、唯一無二の存在になる**ことができます。

それこそ、「家電芸人」とか「マラソンモデル」なんて、掛け算で価値を生み出している好例ではありませんか。「Aの分野で100人にひとり×Bの分野で100人にひとり」と掛け合わせれば、1万人にひとりの人材になることができます。さらに、「Cの分野で100人にひとり」を掛け合わせれば、なんと100万人にひとり！

そのジャンルで、唯一無二の存在になれるはずです。

自分ができないことは、得意な人に託す

ものごとを進める際、「自分でどうやるか」から、「誰とやるか」に思考を切り替えると、自分にできないことが気にならなくなります。なぜなら、**自分ができないことは、それが得意な人に託せばいい**からです。

学生時代にサッカーをやっていたとき、わたしは得点を奪いにいく攻撃型の選手でしたから、ゴールすることだけを考えていて、全体を俯瞰して見ることを得意としていませんでした。

でも、守備を重視するポジションであるセンターバックの選手と話をすると、まったく見ている景色や視点が違うことに驚き、チームプレーの重要性を感じたものです。

できないことに対して、くよくよ悩んでいるだけでは意味がありません。努力してできるようになれそうであれば挑戦してみるのもありですが、自分ではどうしようもないことや変えられないことで苦しんでいても、いたずらに時間を浪費するだけでしょう。

だからわたしは、できないことからはなるべく早く離れて、自分がいまできることに集中してきました。**できることを磨きに磨けば、そこに専門性ができます。なにかひとつでも専門性があれば、それを求めてくれる仲間が出現します。**

78ページで、首から下が動かないカンちゃんの話を書きましたが、なにもできることがない人などこの世の中にはいません。

そう、自分ができることに気づいていないだけです。


あなたがこれまで、一番長く時間をかけてきたことはなんですか？


おそらくそれは、あなたが長時間やっていても苦にならないことでしょう。掃除、料理、推し活、勉強……どんなことでも構いません。自分にとってはあたりまえ過ぎて意識していないかもしれませんが、実はほかの人が見たら「凄い！」「どうしてそんなことできるの？」ということは意外に多いものです。

必ずしもダイレクトに、自分の〝役割〟につながるわけではないかもしれません。でも、そのなかに思わぬ可能性が眠っていることは十二分にあり得ます。

これは一例ですが、推し活をしている人は、推しのライブのために、全国各地に遠征していますよね。自分で宿泊先や移動手段の手配をして、効率的な遠征計画を立てているはずです。当の本人からしたらあたりまえのことですが、できない人から見れば、感心するような特技です。推しの情報を収集する能力にも長《た》けていることでしょう。

「こんなこと、誰でもできるでしょ？」とあなたがあたりまえに行っていることを、もう**一段階深めることで、専門性はすぐにつくることができます。**

いずれにせよ、あなたに与えられた限りある人生のなかで、自分の〝役割〟に集中していくためには、自分ができないことは、それを得意とする他人に託していくという発想が大事になります。先に、「なにかひとつでも専門性があれば、それを求めてくれる仲間が現れる」と書きましたが、いわば、**それぞれの専門性をシェアしていけばいい**わけです。

その意味では、冒険の途上で困難やトラブルに見舞われたときにも、**自分でどのように乗り切るかを考えるよりも、「誰とやるか」を考えるといい一手になります。**１６２ページにも詳しく書きますが、どんなことでもゼロから身につけようとするのではなく、できないことや苦手なことは、**他人に「助けて！」といえる勇気**こそが求められているのです。

そんな自分の弱点をさらけ出せる人は、周囲に人が集まってくるので、むしろチャンスの数も増えていきます。

そして、大切な仲間に支えられて生きる人は、それだけの人間的な魅力を持っている証《あかし》でもあるのです。

重視するのは、「正しさ」よりも「楽しさ」

「こうするべきだ」という言葉にあるように、いわゆる「べき」と頻繁に主張する人がいます。わたしが思うに、真剣に生きていて真面目な人ほどその傾向が強いようです。「正しく生きたい」と願うのは、人間として素晴らしいことです。でも、正しさを求め過ぎて「べき論」ばかりを振りかざすと、自分も周囲も苦しくなるだけでしょう。

そもそも「正しさ」や「正義」は、生まれた時代や育った環境、立場などによってまったく異なるものです。わたしがサッカーをしていた40年ほど前は、「バテるから練習中に水を飲むな！」という考えが正しいと信じられていました。いまでは考えられませんよね？

会社で考えてみても、経営者が主張する「べき」と、社員が主張する「べき」には開きがあるはずです。極端な話をすれば、**世界に「これだ！」という正しさが明確に存在していれば、対立も戦争も起こらない**わけです。

だから、ありもしない唯一無二の正しさを求めて生きるより、人それぞれに正しさがあると認識したうえで、お互いに楽しく生きられる方法を模索したほうがいいと思うのです。

「分断」や「対立」ではなく、なにより「共生」を意識するわけです。

「べき」の数は、経験を重ねるほどに増えていきます。経験に裏打ちされることで考えは固まっていきますし、人間は誰しも自分の立場を守るために都合のいい解釈をしてしまう傾向があるからです。

それゆえに、年を重ねると、「わたしたちが若かったときは……」と自分の考えが正しいと意見を押し通したり、自分の間違いを認めることができなかったりする、いわゆる老害の状態になってしまうのでしょう。

そうならないためには、**「執着」を手放すことです。自分の正しさを疑い、過去の成功体験を疑い、目の前の世界をフラットな目で見て、常識にとらわれずにものごとを判断する習慣を身につける**ことが肝要です。

また、自分が「べき」の思考にとらわれないだけでなく、**「べき」にとらわれている人のそばからは、そっと離れる**ことをおすすめします。なぜなら、他人の「正しさ」を変えることほど難しい作業はないからです。

人間とは「擬態の生き物」であり、ネガティブな環境にいると、そちら側へと引っ張られてしまいます。負のエネルギーを発している人、過去のつらい経験をずっと引きずって被害者意識にとらわれている人、仕事帰りに集まって上司の悪口ばかりいっている人たちに、あなたの貴重な時間と心を奪われてはなりません。

それよりも、エネルギーをもらえる人、一緒にいて素敵な時間を過ごせる人といたほうがいいに決まっています。**これからの残り30年の冒険に必要なのは、応援し合える存在**です。前項にも書きましたが、自分の〝役割〟に取り組むときだって、「自分でどうするか」ではなく、気が合う「誰とやるか」を考えるほうが楽しいでしょう。仕事でもプライベートでも、信頼できるパートナーとともに歩んでいくのです。

オリエンタルランド社時代、わたしは重要なプロジェクトの責任者を任されていましたが、そのときはもの凄い数の取引先の人がわたしのまわりに集まってきました。でも、そのプロジェクトから外れた途端、波が引くように人がいなくなっていったのです。

そうした利害関係でつながる人ではなく、自分自身や自分のやっていることに共感してくれる人を少しずつ増やしながら、楽しく冒険を続けていきましょう!

ほかの人と「違う」からこそ、あなただけの価値が生まれる

わたしは、アミューズメント・レジャー業界という、まったくの異業種からいまの世界に足を踏み入れました。医療の知識もなく、福祉論や看護学などを学んできたわけではないので、この世界で〝常識〟とされていることに、最初は凄く違和感を抱きました。

もっとも不思議だったのは、パンフレットやウェブサイトなどに難病の子どもたちの写真を掲載する際、子どもの目の部分にボカシを入れて人物を特定できないようにすることです。名前にしても、例えば「和歌山県のCちゃん」や「山田花子ちゃん（仮名）」というように、実名を出しません。

でも、ひとりの人間として、難病であることを恥じる必要などありませんよね？　わたしは、難病を患う子どもやその家族を社会から応援してもらいたい、彼ら彼女らに社会とのつながりを持ってもらいたいと願って活動しています。それなのに、顔や名前を隠して、こちら側から壁をつくるのはどう考えてもおかしいと思ったのです。だから、わたしの団体では、顔写真も本名も堂々と掲載しています。

いわゆる、福祉の世界の〝専門家〟たちからは、山ほど批判を浴びました。でも、「大住さんのような人を待っていました。わたしたちはなにも隠さず、一生懸命に生きているのだから」と難病の子を持つ親御さんたちから大きな支持を頂けたのです。

ここまでも述べてきたように、人生という名の冒険をしていくために専門性を持つことは重要です。ただ、それと〝専門バカ〟になることは違います。だからわたしは、異業種から飛び込んだからこそ感じる違和感をずっと大切にするつもりです。

日本には児童・青少年育成に関する非営利団体が2000ほど存在します。わたしの場合、専門家ではない人間が後発で参入したわけですから、「違い」、つまりは「個性」が鍵を握っていました。ほかの団体と同じことをしていても、そう簡単に価値を見出してはもらえません。違いがなければ、結局は知名度や価格での競争に陥り、大きなリソースを持っている団体には敵《かな》いません。レッドオーシャンで生き残るためには、差別化が不可欠です。

そこで必要なのは、**てっぺんを目指してライバルと闘い、互いに疲弊してしまうよりも、誰もやっていない唯一のポジションを得ること**です。

わたしの場合、幸いにもディズニー出身というバックボーンがありました。そして、難病を患う子どもたちに「病気が治ったらなにがしたい？」と尋ねると、実に半数近くが「ディズニーランドに行って、ミッキーマウスに会いたい」と答えるという社会的なニーズがありました。ほかの団体とは違う価値を提供できたため、レッドオーシャンからブルーオーシャンへと抜け出すことができたのです。

唯一無二の存在に、どうすればなれるのか？

まずは、**ほかの人とは違うことを意識的にしてみる**ことです。

大学時代にバックパッカーをした際に感じたのですが、ローマを訪れた観光客はほぼ例外なく「トレヴィの泉」に立ち寄ります。でも、わたしもローマに滞在しましたが、有名な観光地は訪れませんでした。それよりも、カフェでコーヒーを飲んでいたときに話しかけられたおじさんとの会話のほうに、旅の面白みを感じたのです。

どこかの有名な像を鑑賞するのもいいのですが、**せっかくなら正面からだけでなく、違う角度、違う視点から見てみる。気になる点があれば、深掘りして調べてみる。**そうしたことの積み重ねによって、あなたの個性は養われていきます。

それこそ、団体ツアーでガイドブックに紹介されている名所だけを巡り、掲載されている写真と同じ角度からその場所を眺めていても、オリジナルな視点は得られないでしょう。

言葉の通じない場所で裏道に入るのが怖ければ、毎日の通勤の道順を変えてみるだけでも冒険はできます。

小さな冒険を繰り返して、ほかとは違う、あなただけの価値を見つけていきましょう。

現場！　現場！　現場！
経験！　経験！　経験！

「青と碧と白と沖縄」のすぐ近くに、とても流行っている人気のカフェがあります。いつも混んでいるので、なぜ成功したのかに興味があり、その秘訣《ひけつ》をオーナーに聞きに行きました。

その店の成功の原点は、お店をはじめた頃に、「こんな泥水みたいなものを飲ませるのか！」とクレームを受けたことにあったそうです。自分としては美味しいコーヒーを提供しているつもりだったので、相当に悔しい思いをしたそう。

彼の素晴らしいところは、「この客わかってないなあ」と批判から目を背けるのではなく、そこから新たにコーヒーについて学び直し、試行錯誤を繰り返して、さらに美味しいコーヒーを追求したことにあると思います。いわば、**クレームをチャンスへと変えた**わけです。おそらく人気店になってからも、お客様の声を丁寧に拾い上げ、改善を重ねているのでしょう。だから、彼のカフェは多くの人に愛される店になったのだと感じました。

そう、**どんなことも現場で磨かれていく**のです。自分で体験し、怒られて悔しい思いをしたり、お客様に喜んでもらえる成功体験をしたりしなければ、成長することはできません。

わたしはこれまでに数冊の本を出版し、企業の研修やセミナーも数多く行ってきました。経験やノウハウを可能な限り伝えているのですが、おそらくわたしが伝えたことの9割は、本当の意味では相手の身についていないはずです。

なぜなら、**人は自分で経験したことしか理解できない**からです。自分でやってみてはじめて、「なるほど！　大住がいっていたのはこういうことか」と腹落ちする。

いま、この本を読んでくださっている読者のみなさんには大変申し訳ないのですが、この本を最後まで読んでも、あなたが行動しない限りはなにも変わりません。**インプットとアウトプットをセットで行ってはじめて、「生きた学び」になる**からです。

大ヒット映画『踊る大捜査線 THE MOVIE』（1998年）から生まれた、「事件は会議室で起きてるんじゃない。現場で起きてるんだ！」という有名なセリフがありますが、会社の会議室で決まったことや学校の教室で学んだことが、実際の現場に出てみたらまるで通用しないということはよくあります。つまり、**教科書通りの現場などなく、現場に行ってみることが、なによりの教科書**だということでしょう。

大袈裟な話でなく、次の行動、次の冒険への種は、現場にしか落ちていないとわたしは考えています。わたしも「ギブ・キッズ・ザ・ワールド」という現場に足を運んだからこそ、抱き合って泣いている母親たちに出会うことができ、現在の活動をはじめる決定打となりました。これこそが、現場に入っていかなければ見えない景色です。

現場に行き、現実を見て、現状を知り、スウィング（33ページ参照）しながら、これまでのインプットと照らし合わせて考えて、実践する。**成功も失敗も含めて多くの経験をすることでしか、自分に変化を起こすことはできない**のです。

例えば、あなたがカフェをはじめたいと思っているのなら、自分の理想に近いお店を数え切れないほど巡ってみましょう。ただの客として行くだけでなく、スタッフに気になることを質問してみましょう。もしくは、なにかのイベントで1日だけ出店してみるのもいいかもしれません。それこそ、「こんな泥水みたいなものを飲ませるのか！」と怒られるかもしれませんが、きっと本やセミナーでは得られない生きた学びになるはずです。

とにもかくにも、**現場！　現場！　現場！**
経験！　経験！　経験！　なのです。

第3章

冒険に「必要な武器」はあなたのなかにある

目的地に向かって力強く進み続けるためには、武器が必要です。しかし、新たに武器を入手する必要はありません。あなたは既に十分過ぎるくらいの武器や仲間を持っています。いま手にしている武器や仲間を最大限に使って、冒険を進めていきましょう。

「エナジーシンキング」で生きる

昨今、「自己肯定感を高める」ことが話題になっているようです。自己肯定感の低さが生きづらさの要因のひとつであると考えられ、書店にはいかに自己肯定感を高めるかを指南する本がずらりと並んでいます。

正直いうと、わたしは「自己肯定感」という言葉自体をまったく理解できません。そもそも、**自分というのは「肯定もするし否定もする・される」ものではないと考えているので、「自己肯定感」自体存在しない、必要ない**とすら思っています。

すべてのことを完璧にできる人などいませんし、すべてがダメな人間もいません。「わたしはコミュ力が低い」とか「要領が悪い」とか、**社会の、しかもその一部が求める基準で自分をジャッジし、自分を否定する必要など一切ない**のです。

それよりも、**等身大の自分をありのままに受け入れることが重要**ではないでしょうか。

そしてこれこそが、心理学でいうところの「自己肯定感」の定義だと理解しています。

「怒りっぽい性格だな」「はじめての人と話すのが苦手だな」などと、自分で自分を、好きになれないところも含め、肯定も否定もせず、丸ごと認めることが大切です。そうすれば、「怒りっぽいところを調整していけば、もっと自分を好きになれるかもしれない」と次のステップへ進むことができます。

もちろん、等身大の自分をありのままに受け入れることができれば、得意なところも伸ばそうと意識できるでしょう。


ものごとを前向きに、そして肯定的に捉える「ポジティブシンキング」を身につけたいと考える人も増えていますが、わたしは「ポジティブシンキング」という考え方には懐疑的です。ものごとをどう捉えるかは元来の性格によるところも大きいものですし、人の気持ちのありようはポジティブとネガティブの二項対立で語られるような単純なものではなく、複雑なグラデーションになっているはずだからです。

次項でも詳しく書きますが、悔しい、悲しい、腹立たしいといったマイナスの感情を、無理やりにポジティブな感情に変える必要はありません。


だからわたしは、人間が持つ繊細な感情をコントロールしようとするよりも、**自分がいま持っている限られたエネルギーを正しく使うことにフォーカスする**ようにしています。

わたしはその考え方を、**「エナジーシンキング」**と呼んでいます。

時間と同様に、**一人ひとりが持つエネルギーの総量は有限**です。

わたしは学生時代にサッカーをやっていたこともあって、体力には自信を持っています。30代くらいまでは2日、3日と徹夜で働くということもざらにありました。でも、59歳になったいま、徹夜するエネルギーはもはやありません。残念ですが、これから先、年齢を重ねて体力が衰えるごとに、使えるエネルギーはさらに減っていくことでしょう。

だからこそ、「貴重なエネルギーをできる限り有効に使い切るためにどうすればいいか？」と考えています。

そうした思考を持ち、人生を考えていきたいのです。

エネルギーには、「無駄なエネルギー」と「効果・効用の高いエネルギー」の2種類があるとわたしは考えています。

「無駄なエネルギー」とは、自分や社会にとってなんのプラスも生み出さないエネルギーのこと。例えば、愚痴や悪口をいうことや、ライバルの足を引っ張ること、SNSなどで憂さを晴らすことなどです。そんなことに、限りあるエネルギーを浪費することはもちろん、心を奪われるなんて本当にもったいない。

わたしは、決して悪口や愚痴をわざわざ口に出していいません。ネガティブな言葉を発するたびに、貴重なエネルギーが失われていく気がするからです。

いまの自分の状況を嘆いてSNSでガス抜きをしたところで、あるいはうまくいっている人の足を引っ張ったところで、自分の未来がよくなるはずもありませんよね。だって、**自分自身を磨く以外に、状況を好転させる方法はない**のですから。

とにもかくにも、可能な限りエネルギーロスを減らすことに尽きます。いまあなたが持っている**すべてのエネルギーを、ぜひ自分の〝役割〟を推進していくための「効果・効用の高いエネルギー」として使っていきましょう。**

もちろん、わたしにだって腹の立つことはあります。そこで、不意にマイナスな言葉をいいそうになったときは、自分の心を安定させられる〝呪文〟を唱えるようにしています。

それがこの言葉です。

「さあ、いま、ここから」

わたしにはその呪文を唱える際に、ちょっとした儀式があります。親指、人差し指、中指、薬指、小指と順番に左右の指先を合わせながら、「さあ、いま、ここから」と言葉を繰り返すのです。そうすると、「さあ、やるぞ！」という気持ちになってきます。

みなさんも、自分の生き方を支えるポリシーを、ぜひ呪文として何度も唱えてみてください。きっと、エネルギーが湧いてくるはずです。

必ずしも呪文（言葉）でなくても構いません。決まった音楽を聴く、または瞑想《めいそう》するというように、気分をリセットできるルーティンを持っておくと、エネルギーのロスを効果的に防ぐことができると思います。

無駄を減らし、〝役割〟を果たすためにこそ、エネルギーを集中して使っていく。

残り30年の冒険を最高のものとするためにも、年齢とともに失われていく貴重な時間とエネルギーを大切に使っていきましょう。

怒りの感情には、大きなチャンスが隠れている

喜怒哀楽という人間に備わる感情のなかで、怒りはもっとも強烈なエネルギーになり得るものだと考えます。それゆえ、扱い方を間違えてしまうと、周囲の人はもとより、自分をも攻撃してしまう危険性を伴っています。

昨今、「アンガーマネジメント」が知られるようになりましたが、混沌《こんとん》とした世の中において、怒りの扱い方は相当厄介だからでしょう。もし、怒りを悪い方法で扱えば、限られたエネルギーを浪費することにもなります。

一方、**怒りの感情には大きなチャンスが隠れている**こともあります。何度もお伝えしたように、わたしの現在の活動は、ベンチに座って泣いている母親たちを見たとき、**行動を起こせないふがいない自分に対し、「おまえはまた逃げるのか！」という怒りを感じたことが起点になっています。**それは、彼女たちに対してなにもできない自分への怒りでした。

青色発光ダイオード（LED）の開発でノーベル物理学賞を受賞したカリフォルニア大学サンタバーバラ校の中村修二《なかむらしゅうじ》教授が、「怒りがモチベーションだった。怒りを前向きなパワーに変換してきた」と話したのは有名な話です。

ここで肝心なのは、**怒りのエネルギーを自分の〝役割〟を前進させる〝想い〟に変える**

ことです。

難病の子どもたちと接していると、何人もの子どもたちを見送ることになります。「なんでこんないい子が早く逝ってしまうのか……」。それも一種の怒りであり、その怒りは活動を続けていく原動力になっています。

そういえば、2022年にお亡くなりになったアントニオ猪木《いのき》さんが、「バカヤロー！」と叫んでいましたよね。あれは、自分自身に対する怒りを忘れないために、拳を振り上げながら、自分を鼓舞しているのだと見ていました。怒りを自分自身のエネルギーにうまく変換していたのではないでしょうか。

わたしの自分自身に対する一番の怒りは、「現実から逃げた」ということです。膝の怪我を理由にサッカーの道から逃げてバックパッカーとして海外を巡っていた話は既に書きましたが、実はその後、オリエンタルランド社で働いていたときにもオーストラリアの会社に転職しようと考えていたことがあります。実際、シドニーまで面接にも行きました。当時わたしは31歳。東京ディズニーシーとイクスピアリのプロジェクトが山場に差し掛かっていた時期で、非常に忙しく、その現実から逃げようとしていたのかもしれません。59歳になったいまでも、弱気になって逃げようとする自分がもっとも許せません。だから、猪木さんの「バカヤロー！」のように、「逃げるな！」と自分を鼓舞し続けています。

怒りと不満は、似て非なるもの――。会社への不満や、政治への不満を口にする人がよくいますが、話を聞いていると、自分が不利益を被ることに対して身勝手に当たり散らしているだけのことも多いようです。代案を提示することもせず、なにも行動を起こさない人がほとんどです。

例えば、難病の子どもたちが幸せに生きられる社会をつくりたいと考えたとき、署名活動をして政治に訴える方法もあるでしょう。でも、「社会のあり方が間違っている」と不平不満を口にしているだけでは、いま目の前にいる難病の子どもたちは救われません。

社会が変わるのを待つより、政治が変えてくれるのを待つより、目の前にいる人のために、小さくても自分ができることをシェアしたい。そう思って活動を続けています。

もちろん、きっかけの感情は怒りでなくても、喜びでも、憂いでも、楽しさでも、なんでもいいのです。**違和感を抱いたことが、自分の〝役割〟を探すための根源となればいい。**

そこでついた火種を大きく育てていくのか、それとも自ら消してしまうのか――。

それはすべて、あなた自身にかかっています。

悔しさは、挑戦への原動力

２０２３年12月、わたしは「ＮＡＨＡマラソン」に参加しました。この大会に参加するのは2回目です。前回は残り４キロメートルの地点でタイムオーバーリタイアとなったので、リベンジのチャンスと意気込んでいたのですが、今回は23キロメートル地点で足が動かなくなり、無念の故障リタイアとなりました。

子どもの頃からサッカーで培ってきた体力には自信がありました。過去にフルマラソンを10回も完走しているので、「なんとかなるだろう」と考えていましたが、どうにもならなかった……。「60歳を目前にして、無理の利かない体になった」と自覚させられました。

朝８時半にスタートして、昼過ぎにはリタイアした人を回収するバスに乗せてもらっていました……。マラソンの交通規制により渋滞していたので、２時間半くらいかけてバスでスタート地点に戻り、ひとりサウナと回転寿司に寄って家に帰りました。途中でリタイアしたのに、「こんな気持ちは何年ぶりに味わっただろう」というくらいに、爽快感と解放感がありました。

悔しさも感じられないほどコテンパンにノックアウトされたことが、逆に気持ちよかったのです。「ゼロからまたチャレンジするのもいいじゃないか」と、どこか新鮮な気持ちでした。

同時に、「もう無理が利く体じゃないのだから、これから30年を覚悟して生きていかなければ」と気を引き締めました。

慢心はとても怖いものです。頭ではわかっていても、人はどうしても過去の成功イメージを引きずりがちです。**慢心を拭い去るためにも、自分の限界を知ったほうがいい**とあらためて思ったのでした。

ただ、自分の限界や現実を知るためにも、わたしは、マラソンでも仕事でも遊びでも、「無理かな」「厳しいかな」と思うことに定期的に挑戦しています。

少し厳しい意見になりますが、「やればできますよ」といいながらなにもしない人が結構います。そんな人を見ると、「やれるならやってみたらどう?」といいたくなる。確かに、挑戦しなければ失敗することもなく、ずっと「やればできる」状態でいることができます。そのほうが傷つかず、現時点では幸せでいられるかもしれません。

ですが、**その方法でずっと生きていくのですか?**

思い切ってなにかに挑戦すると、失敗して恥をかき、後悔することだってあります。でも、本気で挑戦すれば、たとえ負けて一時的に悔しさを味わったとしても、それがのちの成功へとつながっていくことは間違いないでしょう。そういう経験を、わたし自身は数多くしてきました。

反対に、**「あのとき、勇気を出してやってみればよかったな」という後悔の念は、いつまでも自分の心から消えてくれません。**その思いを解消するには同じようなことに挑戦するしかないわけですが、機を逸して取り返しがつかないこともあります。そうなると、後悔の念に一生苦しめられることになってしまう。

そうそう、マラソンの後日談を聞いてください。自分の限界を知り、凄く爽快で、さほどショックを受けなかったと書きましたが、実はその後すぐに自宅用のフィットネスバイクを購入しました。そして、どんなに仕事が忙しい日も、毎日最低15分は漕いでいます。日が経つほどに、ふつふつと悔しさが湧いてきたからです。「次は絶対に完走してやる！」と新たな目標ができました。

悔しさは、挑戦への原動力になってくれます。

限界を感じることは悪いことばかりではありません。難しいことに挑戦する気持ちを忘れずに、チャレンジを繰り返してください。

自分の「底力《ソコリキ》」を信じよう

人間には自分でも気づいていない、奥底に眠っている力が存在します。

わたしは、**その力のことを、自分の名前にかけて「底力」と呼んでいます。**実際に、わたしはそれを、難病の子どもと親御さんに何度も見せてもらっています。

そして、親御さんと話していると、彼ら彼女らは偉人や鉄人のような言葉を次から次へと発しますし、もの凄い力を感じます。でも決して特別な人たちではなく、子どもの病気が判明するまでは、どこにでもいる普通の人だったのです。

子どもが病気だとわかると、「代わってあげたいのに代わってあげられない」という葛藤が生じます。そして、毎日子どもの歯を磨いたり、髪の毛を洗ってあげたり、病院につき添ったりと、子どもの世話に追われます。そのほか、仕事や家事もあるわけで、座っている時間がないほど忙しい生活を送るようになります。

そうしているあいだに、「この子がいつまで生きていられるか不安に怯《おび》えるより、一瞬一瞬を楽しく笑って過ごそう」「この子が痛みを堪《こら》えて笑っているのに、わたしが泣いていてどうするの？」と考えを変え、生き方を変え、いわば〝鉄人〟へと変貌していくのです。

それこそまさに、底力です。

まだなにもわからない幼い子どもでも、経験や知識を積んできた大人でも、誰だって同じように、自分では気づいていない、もの凄く大きな力を持っています。

突然、予想もしていなかったことが起きたとき、人生の大事な局面を迎えたとき、逃げずに立ち向かい、踏ん張れば、眠っていた力が必ず湧き出してきます。

それが、底力です。

社会とテクノロジーの進歩により、力をそれほど使わなくても生きていける楽な時代になりました。平坦な道を進むのに、アクセルを強く踏み込む必要はありません。ただ問題なのは、世の中が便利になればなるほど、人間の力が衰えていくことです。わたしもパソコンやスマートフォンを使うようになって、漢字をどんどん忘れています。

しかし、あなたに本来備わっているエンジンは、いざというときには高速で走れる力を備えています。アクセルを踏み込む覚悟さえあれば、あなたも「いま、ここ」から、鉄人になることができます。

そう、**「底力」を引き出すために必要なのは、「覚悟」**なのです。

わたしは、「キング・カズ」こと三浦知良《みうらかずよし》選手にずっと憧れています。三浦選手は、現在57歳。多くのアスリートは30歳を過ぎた頃から引退を意識するようになると聞きますが、彼はいまだに現役のプロサッカー選手です。まさに、底力をすべて使い切っている鉄人のひとりだといえるでしょう。

三浦選手は確かに特別な才能を持った人です。けれど、彼と同等の能力を持った選手はたくさんいたはずです。そのなかで三浦選手だけがここまで長く現役を続けられているのは、「そろそろ引退の年齢だろう」という周囲の空気に負けず、自分の限界を決めず、もう少し、あと1年、と全力を尽くしてきた結果にほかなりません。

数年前のインタビューで三浦選手は、「まだ自分には伸びしろがある」と語っていました。体力のある若い選手と同じ練習メニューをこなすのは並大抵のことではありません。自分の底力を信じて、逃げない覚悟を持っているからこそできる芸当です。

あなたの限界を決めているのは、あなた自身です。

やる前から「無理かも」「もう遅いかも」などと限界を決めず、なりたい自分を強くイメージして、底力を信じて進んでいきましょう。

誘われる人間であり続ける

わたしの89歳の母は、いま老人ホームに入っています。父は２０２２年に87歳で亡くなりました。父はとても社交的で、誘われたらどんなことでも先入観なくチャレンジする好奇心旺盛な人でしたが、母はどちらかといえば誘われても断るタイプでした。新しいコミュニティに入っていくのが苦手だったので、老人ホームという新たな環境に馴染《なじ》めるのか心配していました。

その母が圧迫骨折をして動けなかったとき、老人ホームの理事長がハーモニカをすすめてくださったそうです。体が自由に動く状況ならハーモニカにトライすることはなかったかもしれません。でも、怪我で動けなかったこともあり、ひとりベッドでハーモニカを吹いてみたそう。すると思いがけず、とてもハッピーな気持ちになったといいます。

「あのとき、すすめられるままに吹いてみてよかったわ」と嬉しそうにしていました。

「それでね、理事長がわたしへの断りもなしに、ハーモニカのコンサートを開催するってみんなにいっちゃったのよ。困ったわ」とまんざらでもない顔をしていました。

人間誰しも、年を重ねてくると腰が重くなりがちです。でも、人の誘いをおっくうに思いはじめたら、それは老化のはじまりかもしれません。逆に、年を重ねても生き生きとしている人には、やはり好奇心旺盛な人が多いですよね。

ディズニー氏の言葉に、**「角を曲がれ」**というものがあります。実はディズニーリゾートのアトラクションにおいてシーンを変えるときには、必ず扉をつけるか、ゲストに角を曲がってもらうことになっています。「この扉の先にはなにがあるのだろう？ 角を曲がったらどんな景色が待っているのだろう？」と、**先が見えないことによって好奇心を刺激されるから**です。

「この先になにがあるのだろう？」というワクワク感よりも、行くのが面倒だという気持ちのほうが先に立ったら要注意。体力の衰えよりも、好奇心の衰えのほうが老化につながるように思うからです。

自分の好みというのは、どうしても似通ってしまいがちです。これから先の人生を変えたいと思うのであれば、慣れ親しんだコンフォートゾーンを抜け出すことです。そのためには、人の誘いを断らず、まずは一度、軽い気持ちでトライしてみましょう。それから判断しても遅くはありません。

チャンスというのは、そんな機会にこそ隠れています。**自分自身より、周囲の人のほう**

が、あなたのよさを知っていることだって珍しくないのです。

これに関連して、**誘われる人間であり続けることも大切にしたいポイント**です。「忙しいから」と誘いを断り続けたら、いずれ誘われなくなってしまいます。それは、ふたつの意味でチャンスを手放していることになります。ひとつは、新しい出来事に出会う機会の損失であり、もうひとつは、これからの人生を歩んでいく仲間を得る可能性の損失です。

ちなみに母は、ハーモニカのコンサートを開催したそうです。十数名しかいない小さな老人ホームですが、「凄く嬉しかった」とキラキラした目で話してくれました。

「高度成長期のサラリーマンは、名刺を取り上げられると一気に自信を喪失してしまう人が多いけれど、あの人は変なプライドもなく、なにごとにも挑戦して、本当にいつも楽しそうだったよね」と、常に好奇心を持って生きていた父のことも見直したようです。

母は、「もっとうまくなりたい」「またコンサートをしたい」と練習を続けています。

なにをはじめるにしても、決して遅過ぎることはない――。

89歳からでも、毎日成長できるのです。

役目が終わったものに、感謝しながら別れを告げる

本書では、自分の〝役割〟に注力するために、「自分のためだけの時間」を少しでも長く確保する必要があると伝えてきました。

でも、睡眠時間は削りたくないし、仕事の時間も減らせない。そうなると、**食事、身支度、移動にかかる雑事の時間をいかに効率化、機能化するか**がポイントになってきます。

ディズニーでは、仕事を**「Duty（作業）」と「Mission（役割）」**の2種類に分けて考えます。この生活維持や雑事にかかる時間は、ディズニーでいうところの「デューティー」にあたるでしょう。ディズニーでは、このデューティーを誰もがスムーズに行えるように細かいマニュアルが用意されています。マニュアルに書かれた通りの手順で行えば、どんな人でも迷うことなく作業を実行することができます。そうすることで、本来の仕事に取り組む余裕が生まれるという考え方です。

わたし自身、以前はファッションに強いこだわりを持っていましたが、いまは無地の紺か黒のTシャツにウォッシャブルジャケット、そしてホワイトデニムと決めています。靴もコンバースのオールスターライトの黒と白のみです。時計も50歳になったタイミングで、ひとつを残してすべて処分しました。おかげで、身支度にかかる時間はほとんどありません。

ひとりでいるときは、外食もほとんどしません。料理がまったくできないこともあり、卵、バナナ、もやし、キムチ、納豆、ヨーグルト、梅干しなどで十分です。

ほかにも、雑務をルーティン化することで、時間を短縮しています。毎日のことなので、この積み重ねはバカにできません。


東京ディズニーリゾートのバックステージは、常に整理整頓が行き届いています。床にはワックスがかけられて、いつも光が反射するくらいピカピカです。ドライバー1本、ほうき1本、画鋲《がびょう》ひとつさえも、使用したら必ず元の場所に戻すことが徹底されています。

それにより、チームパフォーマンスが格段に高まります。あるべき場所にあるべきものが置いてあれば、探す時間が短縮されるからです。**整理整頓をするのは、次に使う人のため**なのです。

この原稿を書いているオフィスのわたしの机の上には、ほとんどなにも置かれていません。わたしは潔癖症ではなく、どちらかといえば大雑把な性格ですが、一部の重要なものを除き、資料はほとんど処分してしまいます。

ディズニー式の考え方が染み込んでいるからか、**整理整頓をすることで、未来の自分のための準備をしている**という意識で生きているのです。

以前、「断捨離®」がブームになりましたが、選択・選別をして、**自分にとって大事なものかどうかをジャッジするという点で、断捨離®はとても重要な行為**といえます。

人生は、選択の連続です。ターニングポイントのような大きな決断をしてもしなくても、あなたがいまいる場所は、過去のあなたの選択の積み重ねの結果といえます。

その意味では、**捨てるという行為は選択するトレーニング**になり得るものです。そこで大切になるのは、**捨てるものを選ぶ意識ではなく、「これからなにを携えて生きるのか」を見極める意識**です。自分がいま持っているものを見つめ直し、自分にとって大切なものを取捨選択するというわけです。

自分自身を前進させる装備・武器になるものを選ぶわけですからこれは重要な行為です。できれば、ペンディングリストに入れて判断を先送りしたいかもしれない。

でも、人生の残り時間を考えると、それらを決めていく時期に差し掛かっているといえるでしょう。

あなたのこれまでを支える役目が終わったものは、思い切って手放していく――。そうして、机の上や部屋のなかがすっきりすれば、代わりに新たなエネルギーが満ちてくるから不思議です。

人生の折り返し地点を過ぎたら、モノだけでなく人間関係を整理するのもいいかもしれません。名刺交換会や異業種交流会に積極的に参加して人脈をつくろうとする人がいますが、**人脈は「数」よりも「質」にこだわったほうが賢明**です。

名刺を何枚持っているか、電話帳に何人登録されているかよりも、自分の窮地に駆けつけてくれる人が何人いるかを考えましょう。そして、人生の残りの時間は、家族や本当の友人と呼べる大切な人との関係を深めることに使っていくことです。

わたしは、携帯電話の連絡先も定期的に整理するようにしています。人は常に動いているものなので、立場や環境が変われば、自分に関わる人間関係が変わるのは当然のことだと考えています。

「人間関係を整理する」というと冷たい人のように思われるかもしれませんが、モノと同様に、**役目が終わったものに感謝しながら別れを告げ、これからの自分の人生にとって本**

当に大切なものを覚悟して選び取る――。それが重要なことなのです。

逆に、整理するときにふと懐かしい名前を見つけて、数年ぶりに連絡をすることもあります。別れる関係があれば、再開する関係もある。そうやって、その時期に必要な人と一緒に歩んでいけばいいのです。

もうひとつ、**恨み、つらみ、後悔といった感情はできる限り早く手放してください**。

わたしのワークショップには、「子どもの頃に虐待を受けた」「あんな男と出会ったばかりに、わたしの人生はボロボロになった」と過去の傷に苦しんでいる人が多く参加されます。

ただ、「あいつのことは一生許さない！」と憎んでいても、過去に戻ってやり直すことはできませんし、人を恨んだり、憎んだりしているあいだは、決して幸せになることはできません。

これからの自分の冒険を楽しいものにするためにも、役目が終わったものや自分を縛っている過去を潔く手放しましょう。

そして、あなたにとって大切なものだけを厳選して生きていきましょう。

異端児、堂々！

「ＫＹ」――。いわゆる、「空気が読めない」という言葉が新語・流行語大賞にノミネートされたのが２００７年のこと。それから17年経ったいまという時代を見ると、ますます空気を読むことが重視されているように感じます。

こと日本人は、人と違うということに敏感過ぎます。「空気が読めない人」が、「仕事ができない」「配慮が足りない」と同義のように捉えられているから、違う意見を持っていても周囲に合わせていいたいことを飲み込んでしまう。多くの人がその状況に息苦しさを感じながらも、はみ出し者にならないよう必死になっているように感じます。

日本には、「出る杭《くい》は打たれる」という悪《あ》しき風潮があります。ライブドア時代のホリエモンこと堀江《ほりえ》貴文《たかふみ》さんは、その最たるものでした。ＳＮＳ全盛のいまは、少しでも目立ったことをすると、社会のあらゆるところから出る杭を打たれるような恐ろしさもあります。

あたりまえですが、**「違う」ということは、悪ではありません。むしろ本来、強みになる資質**です。わたし自身、子どもの頃から少し変わっていて、「自分を中心に地球が回っている」とさえ思っていました。あきらかにイタい奴ですが、よくいえば「異端児」だったのかもしれません。

わたしは、**異端児こそが世界を変えていく**と考えています。

わたしにとっての異端児は、自分の〝役割〟に向かって命懸けで取り組んでいる人のことを指します。目標達成のためにすべてを懸けているので、人目を気にしている余裕などなく、ひとつのことに執着し、それ以外のことにはまったく興味を持ちません。だから、ときに人と違う振る舞いをして、変わった人だと思われる。

わたしは、画家の岡本太郎《おかもとたろう》さんやミュージシャンのシンディ・ローパーさんのファンなのですが、彼ら彼女らは一見、奇抜な存在に見えます。でも、自分がありたい姿が明確で、決してブレることがありません。だから、最高にかっこいい。

人物だけでなく、会社にも異端児は存在します。紙パックのいらないサイクロン掃除機、羽根のない扇風機、穴のあいたドライヤーなど次々と斬新な製品を生み出し続けるダイソン社は、まさに業界の異端児といえるでしょう。

工業デザイナーだったジェームズ・ダイソンさんは紙パック式の掃除機はゴミがいっぱいになると吸引力が落ちることに不満を持ち、世界初のサイクロン掃除機の開発をはじめます。仕事をやめて自宅のガレージにこもり、5年間かけて開発に没頭。実に5127回の失敗を繰り返し、1号機を完成させたといいます。資金も早々に底をつき、妻が家計を支えたそうです。それでも彼は、開発をやめなかった。これは、執着以外のなにものでもありません。でも、**その執着が世界を変えた**のです。

平均点の人は、残念ながら記憶に残りません。周囲から多少変だと思われても、尖《とが》ったところがある人は魅力的で、印象に残りませんか？

わたしは小学校6年生のときに広島から東京に引っ越しました。同時期に広島の福山市から引っ越してきたKくんは、冬でもTシャツ、短パン、素足で過ごしていたので、東京の子に「靴下も上着も買えない貧乏だ」といじめられていました。それでも彼はへこたれません。ずっとTシャツ、短パン、素足を貫き通したのです。わたしはそんな彼を、密《ひそ》かに尊敬していました。あれから40年以上が経ち、Kくんがいまどうしているかは知りません。でも、ほかのクラスメイトのことはほとんど覚えていませんが、彼のことだけは名前も顔もはっきりと覚えているのです。

ビジネスにおいても、違いがなければ選ばれません。自分に信じるところがあれば、堂々と貫くことです。「難病の子どもとその家族へ夢を」も、子ども支援団体としては異端児かもしれませんが、自分たちの〝役割〟に命懸けで取り組んでいます。

いつだって最高のコンディションにこだわる

冒険に出て、それを続けていくためには、心身が健康であることが大前提です。体のどこかに痛みがある、またはなにか大きな悩みを抱えている状況では、〝役割〟を果たせないからです。**最高のコンディションに、いつだってこだわる必要がある**のです。

ところでみなさんは、「健康」の意味を知っていますか？　世界保健機関（ＷＨＯ）は、健康を**「病気でないとか、弱っていないということではなく、肉体的にも、精神的にも、そして社会的にも、すべてが満たされた状態にあること」**というように定義しています。

わたしも、難病の子どもたちの支援をはじめるまで、詳しく知りませんでした。

肉体的な健康については、毎年の健康診断や人間ドックの受診など多くの人が気にしていると思います。実際にわたしの周囲にも、食事を気遣ったり、サプリメントを摂取したり、ジムに通って運動したりと、肉体的な健康の維持にこだわる人が増えている印象です。でも、それだけでは十分ではありません。肉体的、精神的、社会的な３つの健康のバランスが整ってこそ、最高のコンディションが得られると思うからです。

ストレス社会といわれて久しい現代において、精神的な健康を害する人も増えています。

わたしもよく若い人から、「どうしたらメンタルを強くすることができますか」と相談を受けます。

結論からいえば、魔法のような解決策は存在しません。「傷つきたくないからメンタルを鍛えたい」という考えは、根本的に間違っているのではないでしょうか。

メンタルが強いといわれる人は、おそらく過去に何度も傷ついてきた人であり、悔し涙を流し、どん底に突き落とされる経験をしながら、心を鍛えてきたのです。

オリエンタルランド社で働いていたときの話です。給湯室に入ったら、ひとりの女性社員が泣いていました。普通ならば、「大丈夫？　どうしたの？」と慰める場面かもしれませんが、わたしは「いいね！　いま君はとてもいい勉強ができているよね。もっと泣け！」と笑って勇気づけました。

ほかの社員からは、「無神経だ」と批判されましたが、**泣くほど悔しい思いができるということは、またとない成長の機会**ではないですか。

わたしもむかし、100人くらいのスタッフの前で先輩から叱られたことがあります。みんなの前では泣けないので、ひとり車のなかで泣いたことがあります。いま振り返れば、悔しい思いをして、鍛えられて、いい学びの機会をもらったと感謝しています。

肉体的、精神的健康だけでなく、社会的健康も見過ごすことはできません。社会のなかで生きているわたしたちは、無人島にでも行かない限り、必ず他者との関わりを持って生きていくことになります。

社会的健康とは、「自己有用感」が高い状態といえるかもしれません。誰かの役に立っている、人に喜んでもらえる、社会のなかに自分の居場所があるという感情は、自己有用感を高め、生きるエネルギーになるでしょう。

東京ディズニーリゾートのキャストたちは、常に生き生きと楽しそうに働いています。なぜなら、ゲストから「ありがとう」といわれる機会がとても多いからです。「そんなことで？」と思うかもしれませんが、**「ありがとう」という言葉は大きな自己有用感を与えてくれます。**毎日、何十回も「ありがとう」をいわれることで、「自分は人の役に立っている」「社会から認められている」と前向きに仕事に取り組めるようになるのです。

肉体的、精神的、社会的という3つの健康がすべていい状態であれば、必ずあなたは素晴らしい冒険ができるでしょう。そして、きっと〝役割〟を遂行できるはずです。

「思い込み」の力が、恐れやリスクを乗り越えさせる

「思い込みが強い」「猪突猛進《ちょとつ》」という言葉は、ややネガティブなニュアンスで捉えられがちです。いま「アンコンシャス・バイアス（無意識の思い込み）」という概念が注目されていますが、思い込みから解放されることで、もっと楽に生きられると考える人が増えているからかもしれません。

わたしも、先入観や固定観念を捨てることには大賛成です。一方で、**「思い込み」の力は冒険に不可欠な要素**だとも感じています。

大航海時代の探検家であるクリストファー・コロンブスは、「地球は平面」とする説が根強かった時代に、「地球は丸い」と唱え、スペインから西廻《まわ》りの航路でインドに辿り着けると信じていました。その結果として、彼はアメリカ大陸を発見したのです。

彼は、アメリカ大陸を最後までインドだと思い込んでいたようですが、いずれにせよ、コロンブスの強い思い込みが新大陸を発見することにつながりました。

わたしも、「誰がなんといおうと、これをやり遂げる！」と強く思い込まなければ、安定した会社を退職して起業することは不可能でした。先述のように、ＮＨＫスペシャルで

「ギブ・キッズ・ザ・ワールド」の活動を知ったわたしは、その日の朝に電話を1本入れて、ヘンリさんに会いに行きました。彼に会って話を聞き、**難病の子どもとその家族を支援することが自分の〝役割〟だと思い込み、確信もないまま突っ走った**のです。

わたしがその活動をやらなければ、いまこの瞬間も、「ディズニーランドでミッキーマウスに会いたい」と願いながら亡くなる子どもがいるかもしれない。人知れず泣いている母親がまたひとり増えるかもしれない。難病の子どもとその家族を笑顔にするのはわたしの役割ではないのか――そう強く思い込んだのです。

わたしと並べて語るのは恐縮ですが、ディズニー氏も「遊園地を建設したい」という構想を、妻のリリアンや兄のロイから大反対されたそうです。それでも彼は、映画の大成功で得た財産を注ぎ込んだうえに、可能な限りの借金をして、信念である「大人も子どもも楽しめる遊園地」をつくり上げたのでした。

そして、彼の思い込みはいま、世界中の人々を幸せにしています。

冒険には必ずリスクが伴います。わたしの場合、うまくいかなければ、収入がゼロになる可能性もありました。ディズニー氏だって、大きな借金を抱えて破産していたかもしれません。その**恐怖を乗り越えられるのは、強い思い込みがあるから**ともいえます。

「ギブ・キッズ・ザ・ワールド」の活動には多くの日本人が感動し、興味を持ちましたが、本格的な行動を取ったのはわたしだけでした。わたしは思い込みが強い人間です。その生来の気質が、難病の子どもとその家族を支援する力になっているとしたら最高です。


わたしは、ディズニーのキャラクターのなかで、映画『トイ・ストーリー』の登場人物であるバズ・ライトイヤー、通称「バズ」が一番好きです。なぜなら、思い込んだら一直線の性格が、他人とは思えないほど似ているると感じるからです。

バズは作中に登場するアニメ『スペース・レンジャー　バズ・ライトイヤー』の主人公を模した台湾製のおもちゃに過ぎないのですが、宇宙の平和を守る本物のスペース・レンジャーで、空を飛べると本気で思い込んでいるのです。ただ残念なことに、おもちゃなので空を飛べるはずはありません。

それでも思い込みの力はやっぱり凄い！　東京ディズニーシーにはバズが活躍する人気アトラクションがあり、毎日たくさんのゲストを冒険に連れて行ってくれます。

昼の12時にランチはしない

オフィス街で昼の12時くらいの時間帯を歩いていると、ビジネスパーソンがランチタイムでビルからたくさん出てきます。会社のルールがあるのでしょうが、人によって朝起きる時間も、朝食の時間も違うわけですし、仕事の進み具合もそれぞれ異なるにもかかわらず、多くの人が同じ時間にランチをすることに違和感を覚えます。

当然ですが、みんなが同じ時間に同じ行動をするから、お店も混み合って誰も快適に過ごすことができません。人気の店は行列ができるほどですから、時間だって余計にかかるでしょう。そこにメリットはないように感じますが、誰もルールを変えようとしないのは、流れに身を任せていれば、自分で判断しなくていいので楽だからかもしれません。

楽の代償として、**いまの世の中は、自分で考え判断する力が奪われている**ように思えて仕方ありません。しかし、本来は「そういうものだ」「前からそうなっている」という慣習や先入観、世の中の常識を疑うことからしか、イノベーションは生まれません。

「会社のルールは変えられない」と思っているのかもしれませんが、変えることは可能です。わたしはオリエンタルランド社時代、それを実際に経験し、自信を得たことがありました。

わたしがオリエンタルランド社に入社して最初に配属されたのは、ジャングルクルーズの船長、ウエスタンリバー鉄道の車掌、カヌーの3つのアトラクションを担当するチームでした。東京ディズニーランドで働くスタッフは、9割がアルバイトです。このチームには40人ほどが在籍していましたが、社員はたったの4人だけ。新入社員とはいえ、トラブルなどが起こったときの最終決断は、社員であるわたしが行うことになっていました。

ある夏の日、夕立が上がったあと、雨で中断していたカヌーを再開しようとしていたときのことです。東京ディズニーランドのロゴが入った真っ赤なポンチョを着た男の子が、カヌー乗り場へ走ってきました。ポンチョで隠れていましたが、実はその男の子は両腕がなかったのです。当時のカヌーは両手でオールを持てないゲストは乗船できないというルールがありました。ですから、「ごめんね、僕。カヌーには乗れないんだよ」とキャストは男の子に伝えたそうです。すると男の子は、「どうしてみんな乗っているのに僕だけ乗れないの？」と大泣きしてしまいました。母親に事情を説明して理解してもらえましたが、男の子はしばらく泣き続けていました。

わたしも個人的には乗せてあげたい気持ちがありましたが、新入社員のわたしの一存でルールを変えることはできません。「これは仕方ないことなんだ」と自分に言い聞かせました。でも、その日の終礼後、「大住さん、あの対応はないでしょう？」と3人のキャストに詰め寄られました。そのうちのひとりが、ディズニー社の企業ミッションでもある言葉を使って発した、**「なにがギブ・ハピネスだよ！」**という捨て台詞はいまでも耳に残っています。

その1年後、カストーディアルキャストに異動したわたしのところに、カヌーの担当キャストが訪ねてきてくれました。

「大住さん、マニュアルが変わりましたよ！」

実は、先の出来事があった日、わたしは上司に報告し、「マニュアルを変えたほうがいい」と訴えたのです。マニュアルを変えるにはアメリカ本社の承認を得る必要があり時間がかかってしまいましたが、キャストが同乗することでオールを持てない人でも乗船することができるように、ルールが変更されたのです。

いまあなたの前にあるルールや常識は、すべてが正しいわけではありません。「おかしい」と思うことがあれば、自分の考えを主張したほうがいいのです。

「しょうがない」「決まりだから」と引き下がらずに、おかしさを変えるためにはどうすればいいかを考え、勇気を出して一歩を踏み出してください。

赤ちゃんのように、
この一瞬を
輝いて生きる

２０２３年、わたしにも孫ができました。そこで感じたのは、赤ちゃんは、本当にこの瞬間、この瞬間を生きているということでした。泣いたと思ったら、次の瞬間には平気で笑っています。本能のままに生きていて、命の輝きを感じます。

大人になれば、脳が発達し知識も増えます。しかしそれゆえに、本能的な、もっとも大切にすべき人間としての本質を見失っていることも事実です。

わたしは28歳のときに最初の子どもを授かりましたが、子どもから学んだことは数知れません。例えば、50円のアイスクリームを買ってあげると、最高の笑顔を見せてくれたものです。「たった50円でこんなに幸せになれるのか！」と、大人になって感動のハードルを上げてしまっていることに気づき反省しました。

赤ちゃんや子どもは、生きることに一生懸命で、小さなことにも感動できます。でも、まさにそれこそが、幸せになるもっとも簡単な方法だと教えられました。

「教える・教えられる」という関係は、一方向ではなく双方向なものです。親だから、年上だから、学校の先生だから、医者だからといって、常に教える側ではありません。親は赤ちゃんからたくさんのことを学べるし、先生も生徒から学ぶことがあるでしょう。医者だって患者から教わることがあるはずです。逆の立場の人から学ぶという謙虚な姿勢を持っていれば、幸せに生きるためのヒントはあちこちに眠っています。

年齢を重ねれば重ねるほど、**これから先も成長し続けられるかを左右するのは「謙虚さ」と「素直さ」**だと痛感します。もちろん、それは年齢に関係なく大事なことですが、頑固な大人になってしまえば成長の機会を失います。周囲の人からは厄介だと思われ、社会的にも孤立するでしょう。誰も聞きたがらない過去の武勇伝を語り、ひとりでこれからの30年を生きていくというのであればそれで構いませんが、死ぬまで成長したいと思うのなら、人や社会との双方向の関わりは不可欠です。

わたしは若い頃、謙虚さのかけらもない人間でした。プライドが高く、人のアドバイスも素直に聞き入れることができませんでした。いまでは、本当に恥ずかしく思っています。ディズニーには「ブラザーシステム」といわれる、新人キャストを先輩キャストが専属でマン・ツー・マン指導する制度があります。わたしは親しみを込めて、「アニキ制度」と呼んでいました。

鼻っ柱の強いわたしは、仕事もできない段階から、アニキとしょっちゅう衝突していました。ただ、ありがたいことに、わたしのアニキはこの生意気な後輩を決して見捨てることなく、粘り強くつきあってくれたのです。見捨てられなかったのは、アニキの人柄もさることながら、ディズニーという職場に、いろいろな声を聞き入れる土壌があったからでしょう。

ですが、30代、40代と年齢が上がればアドバイスをしてくれる人の数は減っていくし、同じ会社でもなければ自分の大事な時間を割いて厄介な人とつきあう必要もありません。だから**謙虚に、素直でいること、すべてのものから学ぶ姿勢で目の前の人と向き合うことが大切**なのです。

世の中のすべてを知ることなど、一生かかっても不可能でしょう。もちろん、何歳になっても、わからないことはたくさん出てきます。知らないことは恥ずかしいことではありません。知ったかぶりをすることのほうが、何倍も恥ずかしいことなのです。

かつて誰しもがそうであった赤ちゃんのように、素のままで輝きながら、この一瞬を生きていきましょう。

第4章

トラブルはマジカルチャンス！

どれほど準備をしても、冒険には予期せぬトラブルがついてまわります。けれど、そうした苦労や困難を乗り越えるからこそ、人は成長することができるし、冒険はより一層思い出深いものになります。トラブルを恐れず、冒険に挑む心構えを見ていきます。

マジカルチャンスを
掴《つか》もう！

ディズニーには、「マジカルチャンス」という言葉があります。日本語に訳すと、「偶然やって来る、魔法のような出会い」という意味合いでしょうか。ディズニー氏は、「ハプニング」とも呼んでいます。

わたし自身、**チャンスは誰の目の前にもたくさん落ちている**と考えています。「自分にはチャンスがまったく巡ってこない」と嘆く人がいますが、それは目の前に落ちているチャンスに気づいていないだけであり、誰にだってチャンスは平等に与えられています。

ただ、「マジカルチャンス」だけは別物。それこそ、一瞬で通り過ぎてしまいます。それに気づけるよう、いつも研ぎ澄まされた精神でいなければ、摑み取ることはできません。

ただ、ノーマルな「チャンス」、「マジカルチャンス」のどちらにしても、丁寧に「チャンス」とは書かれていません。だから、気になるものがあったら、自ら手を伸ばしてみるしかない。

もちろん、摑んだものがハズレということだってあります。それでも、**チャンスを摑むチャレンジを数多くしないことには、いつになってもチャンスは摑めない**のです。

そして、**たくさんチャンスを摑んでいる人は、その何倍もの失敗を経験**しています。

チャンスを摑んだあとも重要です。**ひとつの小さなチャンスは、あくまでも「点」にし**

か過ぎません。チャンスを掴んだと思っても、その行為を繰り返したり、過去に経験したことをつなげたりしながら「線」にして、周囲の人の力も借りて「面」にしていくことが大切なのです。

そうすることで、チャンスを掴むポイントが広がるため、「マジカルチャンス」を掴める可能性が高まるというわけです。

何度も書いてきましたが、わたしのいまの活動のきっかけとなったのは、NHKの番組を観たことでした。わたしだけでなく、多くの人がその番組を観て心を動かされたはずですが、ヘンリさんに会いにいくという思い切った行動を起こしたのは、わたしひとりだったのです。

そうして、「マジカルチャンス」を掴むことができたのでした。

わたしは、「引き寄せ」という考え方はあまり好きではないのですが、日頃からチャンスを掴む準備をしておくこと自体はもの凄く大切だと感じています。

詩人である相田《あいだ》みつをさんの作品に『そのとき どう動く』というものがあるのですが、わたしは『にんげんだもの』より断然、こちらの言葉のほうが心に響きました。

そのときにどう動くか、**一瞬の「マジカルチャンス」を摑めそうなときにどう動くか**――。そうした準備が、本当の人生をつくっていくために必要であると考えます。

こんなことがありました。わたしが沖縄でサウナに入っていたとき、凄く怖い顔をして考え込んでいるおじさんと一緒になりました。わたしは誰に対しても気軽に声をかけるタイプなのですが、そのときもついついおじさんに話しかけたのです。

聞けば、彼は三線《さんしん》のミュージシャンだといいました。その日から彼との交流がはじまり、わたしが運営するホテルでリサイタルを開いてもらうなど、交流が続いています。

「マジカルチャンス」を摑むには、自分の直感を信じることもとても大事なのです。思えば、いまのわたしは、そうした偶然の出会いの積み重ねによってつくられています。

もちろん、チャンスがまったく流れてこない時期もあります。一生懸命やっているのに、まるでうまくいかない……。そんなときこそ、目の前のこと、いま自分ができることに集中しましょう。

他人を責め、運命を恨んでいても、結果は変わりません。毎日毎日、全力で目の前のことに取り組むことでしか、人生を好転させることはできないのです。

「助けて！」といえる勇気と仲間を持つ

年齢や経験を重ねるほど、余計なプライドが邪魔をして、周囲に「助けて」といいづらくなってきます。

わたし自身もそうでした。「難病の子どもとその家族へ夢を」を立ち上げて、いよいよ本格的に動き出そうと考えていた矢先、人生最大のピンチに直面します。それが先にも書いた、２０１１年3月11日の東日本大震災です。このとき支援を決めてくださっていた20社ほどのスポンサーの大半が、東北の支援へ注力することになったのです。

これはもう、完全な資金不足です。団体にお金が入らないだけでなく、3月31日が期限の様々な支払いを抱えていました。銀行に融資をお願いしたものの、あっさりと断られ、八方塞がりの状況に陥りました。結局、支払い期限を守れず、3月31日の夜に絶望した気持ちでオフィスを出ました。

「いっそ電車に飛び込んでしまおうか」

そんな思いが頭をよぎるほど、完全に追い詰められていました。

それでも、4月1日の朝はいつも通りやってきます。わたしは罵倒されるのを覚悟で、お金を支払う予定だった取引先へと謝罪しに行きました。「逃げない」ことはわたしの人生の信念でもあり、支払うべきお金を払わなければ、協力してくれた人たちに申し訳が立ちません。

そして、「1カ月間、支払いを待ってもらえませんか？」とある会社の社長にお願いしたとき、その人から意外な言葉が返ってきました。

「大住くん、1カ月後じゃとても無理でしょう？　3カ月後でいいよ」

乗り越えられそうにない大きなピンチの状態で、はじめて人に助けられた思いでした。

それまでの人生で、「助けて」と人にお願いしたことは一度もありませんでした。どんなことでもひとりでできる自信があったし、思い上がりもあったのでしょう。人に弱みを絶対に見せないという、不要なプライドを大事に守ろうとしていました。

でも、この経験から、**最善を尽くしてもどうしようもないときは、「助けて」と声を上げることが必要**だと知るのです。**声を上げれば、助けてくれる人はどこかに必ずいる**のです。こうして、「助けて」といえるようになってからは、気持ちがグッと楽になったように思います。間違いなく、この経験は人生の大きなターニングポイントでした。

助けてほしい人は、そもそも「助けて」といいづらいものなのだから、周囲が察してあげるべきだという意見もありますが、人が助けを必要としているのか否かは、案外、周囲からは見えづらいものです。

「そこまで悩んでいたのなら、もっと早くいってくれればよかったのに」

そう思った経験は、みなさんにもありますよね。

わたしは駅で、「人身事故で電車が遅れています」とアナウンスされるたびに、つい3月31日の自分を思い出してしまい、胸が猛烈に苦しくなります。誰かに「助けて」とさえいうことができていたなら、最悪の事態は避けられたかもしれない……。

だから、**ひとりで全部やろうと意地を張らず、素直にSOSを発することが重要**です。

人から頼られることは、実は嬉しいものです。人の役に立ち、「ありがとう」といわれることで、自己有用感だって上がります。SNSに背伸びした写真を投稿し、「いいね」を集めて承認欲求を満たすよりも、頼られた人はよほど幸せを感じられるでしょう。

だから、苦しいときは余計なプライドを捨てて、堂々と「助けて」と声を上げましょう。同時に、周囲の「助けて」という声にも迷わず手を差し伸べましょう。

人生において、そんな**助け合える仲間が多くいることほど頼もしいことはありません。**

老後資金をいくら貯め込んでも、不安は完全にはなくなりません。でも、信頼できる仲間が増えれば増えるほど、心は安らかに、そしてまた強くなっていくのです。

問題に直面したら、「だるま落とし」方式で対応する

人生の折り返し地点に差し掛かると、それまで経験しなかったような類の問題が次々と目の前に立ちはだかってきます。仕事では一定の役職に就いて、より大きな責任がのしかかってくる年代ですし、プライベートでは、子育てや家族の介護を担うようになることもあるでしょう。

また、その両方を同時に行うダブルケアラーの増加は深刻な社会問題になっています。そうでなくても、自身の体力や気力が衰えはじめ、不調に陥りやすい年代でもあります。

わたしは、仕事であれプライベートであれ、**問題に直面したときは「だるま落とし」方式で解決する**ように心がけています。問題をかるたのように広げて置くのではなく、だるま落としのように積み重ねて、それらを景気よく打ち外すような気持ちで取り組み、一つひとつポンポンとリズムよく落としていくイメージです。

ここでのポイントは、**抱えている問題をなるべく小さく分ける**ことにあります。

例えば、漠然と「スポンサーを増やす」という大きな問題として捉えるのではなく、「セールスシートをつくる」「ホームページをつくる」というように、ステップをなるべく小さくしていくと、それらを解決するたびにリズムが生まれて問題解決の速度が上がります。

数字を活用するのも有効な一手です。例えば、「営業ノルマを達成するために、1週間で5社アポイントを取る」という具合に、**なるべく小さく、かつ、できるだけ課題を具体的にし、できるものからどんどん着手していく**。こうして小さな成功体験を積み重ねていくと、目の前のことを解決するたびに自信がついて、ますます問題解決のスピードが上がっていくでしょう。

「忙しい、忙しい」とバタバタしている人を見ると、一つひとつの問題はさほど大きくないにもかかわらず、ただ目の前にすべて広げてしまっていることで、問題の面積の広さに焦ってアワアワし、思考停止に陥っているように感じます。

なかには、なにが問題なのかという本質を見失う人もいます。そんなときに必要なのは、**とにかく優先順位をつけて、一つひとつの問題にどんどん結論を出していく**ことなのです。

テンポよく答えを出していけない人の多くは、「失敗したらどうしよう」と考え過ぎてしまう傾向もあるようです。でも、グズグズと悩んでいると問題は悪化するばかり。ですから、とにかく一度なんらかの答えを出して、いまの状況を動かしてみましょう。別の問題が浮上してきたら、そのときにまた修正案を考えればいいではありませんか。

ものごとには、しかるべき変化や解決のタイミングが必ず訪れます。そこで、ある問題は水面化で思考し続けながら、すぐに解決できそうなことから進めていく。なにもしなければ問題は溜《た》まっていく一方なので、**肝心なのは手を止めないこと**です。

一方、いま述べたことと矛盾を感じられるかもしれませんが、**堂々と放置する**ことも大事な判断になり得るものです。

拙速に答えを出すと、逆効果になることがままあるからです。もし、「いますぐに結論を出せない」と思ったら、あえて寝かしておくのも一考の余地ありです。完全に忘れ去ってしまうのではなく、時折引っ張り出して、見直し、あらためて考えてみる。それでも、まだ結論が出せないと思えば、また寝かせてみる。すると、時機が来たら「これまでなに悩んでいたのだろう？」と思うくらいに、すんなりと解決することも多々あります。

ここまで、問題解決について述べてきましたが、その問題が起きる前の「準備」も大切です。わたしが心がけているのは、**最悪のシナリオを想定し、あらかじめ「プランB」を用意しておく**ことです。ゴールへ辿り着く方法は複数あるはずですから、最悪の事態も考えつつ、少なくともプランBを準備しておけば、失敗への恐れはより軽減されるはずです。

「とりあえず、笑っとこ」

難病を患う子どもを持つ親御さんと話をする際に、いつも色紙に座右の銘を書いてもらっています。苦しかったときにどうやって立ち上がり、人生の岐路に立たされたときにどのような言葉が支えになったのかを教えてもらいたいからです。

すると、心に響く言葉ばかりが集まってきます。なかでも、大分県に住む7人の子どもを持つ母親が書き記した、**「とりあえず、笑っとこ」**という言葉は心に響きました。それからというもの、困難に直面したときは、いつも心のなかでその言葉を反芻《はんすう》しています。

彼女は幼少の頃から虐待やいじめに苦しみ、心に大きな傷を負いながら生きてきました。それでも懸命に毎日を生き抜き、運命の人と結婚し、たくさんの新しい命を授かるのですが、そのうちのひとりの子に重度の障がいがあったのです。

わたしには想像もできないほど、苦しみの多い人生を歩まれています。

「とりあえず、笑っとこ」という言葉は、もともとはおばあちゃん、つまり彼女のお母さんの言葉だそうです。そのおばあちゃんも、あるとき事故で片腕を失っただけでなく、他人が目の前で自殺する瞬間を見たことがあるなど、壮絶な人生を送ってきたそう。

そのおばあちゃんの口癖が、「とりあえず、笑っとこ」だったのです。

誰しも不安になったり、行き場のない怒りや悲しみ、やるせなさや無力感を感じたりするときがあります。でも、たとえそうであっても、「せめて笑うと少し気持ちが楽になり、心も和らぐ。だからどんなにつらくても、まず笑うことが大事なのよ」と教えられたそうです。

彼女にとって、母は師のような存在だといいます。「母のように生きたいし、わたしもいろいろあったけれど、つらい気持ちになりそうなときはとりあえず笑うようにしています」と、それこそ最高の笑顔でわたしに話してくれました。

「なんて勇気のある人なのだろう」。わたしの心は震えました。

つらいこと、苦しいことがあっても、まず笑う。そうして、小さくても確実な一歩を踏み出していくことがなにより大切なのです。もちろん、笑ったからといって問題が解決するとは限りません。それでも、**困難な状況をただ嘆き悲しむだけではなく、笑って一歩を踏み出せば、少しずつでも解決へと近づいていく**ことができます。

「楽しいから笑うのではなく、笑うから楽しくなる」という言葉を聞いたことがありますが、それはまさに人間にとっての真実といえるのではないでしょうか。どんな状況に直面しても、感情を乱れたままにせず、自分なりの冷静さとエネルギーを取り戻す方法を持っている人は本当に強いのです。

思えば、感情的になってものごとに当たるタイミングに限って失敗が起こりやすいですよね。ですから、わたしもトラブルが発生したときは、「とりあえず、笑っとこ」とひと呼吸置いて、自分を取り戻すよう工夫をしています。そう思うようにしてからは、不思議とトラブルそのものを楽しめるまでになりました。なにか嫌なことが起きても、「今度はそう来たか！　ならばこれを乗り越えたら、また新しい景色が見えるに違いない」とポジティブな気持ちになり、そこにある問題と正面から向き合えるようになったのです。

困難な状況において、乱れる感情を手なずける自分なりの方法を持っていることは重要です。そういえば以前読んだ本に、「修行とは苦しくつらいことをするという意味ではなく、動じない心をつくることだ」という趣旨のことが書いてありました。滝行や回峰行などいろいろな修行がありますが、極寒のなか滝に打たれても、夜通し何日も山中を歩き続けても、**常に感情をコントロールできるように心を磨くことを修行という**そうです。

人生の冒険の途中で降りかかる数々のトラブルも、ただ苦難と捉えるのではなく、「自分の心を鍛える修行」だと捉えれば、前向きに乗り越えられそうな気がしてきます。

唯一無二の存在を目指す

２０１３年に刊行された『嫌われる勇気 自己啓発の源流「アドラー」の教え』（ダイヤモンド社）という本がベストセラーになり、いまでも売れ続けています。本の内容はさておき、この現象を見て、世の中にはこんなにも嫌われることを恐れる人が多いのかと驚きました。もちろん、わたしだって人から嫌われたくありません。ただ、人から嫌われるのは嫌ではありますが、それよりも嫌なのは自分の信念を曲げることです。

相手に嫌われたくないからと、気が進まない誘いを断れないという声をよく聞きます。

「断ったら仲間はずれにされるのではないか」

「二度と誘ってもらえないかも」

「大切な仕事を失ってしまうかもしれない」

多くの場合、そうした恐怖心から我慢してしまい、気乗りのしない飲み会に行ったり、忙しいのに無理をして仕事を受けてしまったりする人が多いのだと推測します。

もちろん、ふらふらと参加した飲み会で、思わぬいい出会いがあるかもしれません。無理をして受けた仕事を懸命にやり切ることで、高い評価を受けるかもしれません。鍛錬が必要な若いうちはそうしたことに時間を使うのも悪くないでしょう。しかし、残り30年を考えたときには、**自分の〝役割〟からずれるようなものごとに対して、いかに断る勇気を持つかは非常に重要なファクター**です。

断ることが怖くなくなる最高の方法は、唯一無二の存在になることだと思います。

オリエンタルランド社に入社して2年目のとき、とある会議で「若手社員の意見を聞きたい」と会議に同席していた社長にいわれました。その言葉を鵜呑《うの》みにしたわたしの意見は、結果的にそこにいた上司たちの意見や案を真っ向から否定するものでした。すると、次の会議からはまったく呼ばれなくなったのです。

いわば、社会人としての〝洗礼〟を受けたわけですが、そのときわたしは「誰にでもＮＯといえる、唯一無二の存在にならなければ」と痛感しました。

この出来事もまた、わたしの人生にとって、大きなターニングポイントとなりました。

場を乱さないように、周囲に合わせるという選択をすることもできるわけですが、それからもわたしは、その方法を選びませんでした。

その後も、「ＮＯ」と思うときには、必ず「ＮＯ」と主張してきたのです。それによって痛い目にもたくさん遭いましたし、敵も多くつくりました。

でも、同じくらい、わたしのことを支持してくれる人もいました。**自分の軸をしっかりと持ってさえいれば、一時的に孤独になったとしても、すぐに新しい仲間が現れる**のです。

「類は友を呼ぶ」という格言は、核心をついています。考えが似ている人は自然と集まってくるし、近くにいれば考え方が感染していくからです。

逆にいうと、**ひとたび群れに取り込まれてしまったら、抜け出すことは容易ではありません**。それだけに、「NO」といって断る基準は慎重に見極める必要があります。

わたしの場合は、**ゴールと手段の違いに加えて、「人間性のずれ」を感じたときは、必ず断る**ようにしています。

例えば、お金を稼ぐことをゴールにしている人たちと群れると、一生お金に追われる生活になるでしょう。すぐに人の悪口をいう人の周囲には、同じく悪口をいう人が集まってきます。でも、前向きに一生懸命に生きている人ならば、同じようにポジティブで努力を惜しまない人たちとのネットワークを築きやすくなります。

この先、あなたはどのような人たちと一緒に冒険をしたいですか？　それを考えながら、ときには勇気を出して断ることを恐れずに、唯一無二の存在を目指してください。

人と比較しない。情報に踊らされない

前著『一度しかない人生を「どう生きるか」がわかる１００年カレンダー』にも書きましたが、**「未来は、いますぐ変えられる」**とわたしは信じています。

人生を変えるためには、習慣や環境、人間関係を変えることも有効ですが、**いきなり大きく行動を変えなくても、ものごとの捉え方を変えれば未来は一瞬で変わります。**

夏を暑くて嫌な季節だと捉えるか、エネルギーが漲る季節と捉えるか。

雨を憂鬱だと捉えるか、落ち着いた日を楽しもうと捉えるか。

要するに、同じ事象のどちら側に光を当てるかで、未来の結果が大きく変わるのです。

あなたは「残り30年しかない」と思いますか？

それとも、「まだ残り30年もある」とワクワクして未来に思いを馳《は》せますか？

例えば、高級店で食事をすればきっと素晴らしい経験ができるでしょう。しかし、人の欲には限りがなく、より美味しいもの、より高価なものを求めて、いつまでも彷徨《さまよ》い続ける人もいます。一方、大好きな人と一緒に過ごす時間をずっと大切に考えられる人なら、この先なにを一緒に食べるにしても、きっと美味しく感じることでしょう。

「あの人は話がつまらない」などと相手を悪くいう人もいますよね。でも、どうすればその人との会話を楽しくできるのかを自分が考え、その人との将来の関係性を自分から楽しいものに変えていけばいいだけのことではありませんか。

仕事だって同様です。最初から面白い仕事など存在しません。単に、目の前の仕事の「先にあるもの」を想像し興味を持って取り組める人と、つまらないと思う人がいるだけです。もし、他人の仕事をうらやむ気持ちがあるなら、その人が現在の状態に至るまでにどのように仕事に取り組んできたのかを、自分なりに研究してみるといいでしょう。

これらを踏まえると、**幸せな人と不幸な人が存在しているのではなく、同じ出来事を幸せと捉える人と不幸と捉える人がいるだけ**だともいえます。

ヒマラヤ山脈の東の端にある仏教王国・ブータンは、GDP（国内総生産）こそ世界でかなり下方に位置しますが、国連が毎年発表する「世界幸福度ランキング」において、2013年に8位にランクインして注目を集めました。ブータンでは、GNH（国民総幸福量）を国策の主軸に据え、5年に一度、国勢調査（GNH調査）が行われているのですが、2005年の調査では、なんと国民の97パーセントが「幸せ」と回答したそうです。

しかし、この話には続きがあります。ブータンでは近年、幸福度が急落し、２０１９年に１５６カ国中95位にランクダウンして以降、ランキングに登場することさえなくなりました。幸福度が高かった当時は、情報鎖国によって他国の情報がほぼ入ってこなかったため、国民は目の前の生活に幸せを感じていたのです。ところが、インフラなどが発展し情報が流入しはじめると、国民は他国の生活ぶりを目の当たりにし、自分たちが社会経済的に恵まれていないことを知って、幸福度が下がる不幸な状態に陥ってしまったのです。

「どうすればものごとの捉え方を変えられるようになるのか？」という問いに対しての回答は、まさにこのブータンのケースが手がかりになります。

そう、**人と比較をしないこと。情報に踊らされないこと**です。

自分を変えるために、仕事や住む場所、パートナーをはじめ、いまの環境を変えることをすすめる人がいます。無論、それが有効な場合もあることは理解しています。しかし、変化の目新しさによって一時的に自分が変わったように思えても、根本の捉え方が変わらなければ、いずれまた、異なる幸せを求めて彷徨ってしまうことでしょう。

そうではなく、**心のあり方さえ変えることができれば、未来はいますぐ変えることができる**のです。

下を向いて歩こう

『上を向いて歩こう』という、坂本九《さかもときゅう》さんが歌った名曲があります。わたしもこの曲はとても好きですし、常に気持ちは上向きな状態でいたいと思っています。

しかし、**わたしが実際に街を歩くときは、なるべく「下を向いて歩こう」と決めています**。なぜなら、**できる限りノイズを遮断したい**と考えているからです。どういうことか？

わたしたちは、ただ街を歩くだけで、怒りがふつふつと湧いてくるような様々な場面に遭遇します。傘を振り回して歩く人を見て「危ないなあ」と腹が立ち、大声でがなり立てるお店の呼び込みや、大音量のCMや音楽なども否応なく耳に入ってきます。

レストランに入れば、店員さんに大声で怒鳴っている人を見て、せっかくの料理を落ち着いて味わえずに、不快感を覚えることもあります。

このように、いったん怒りの感情を抱いてしまうと、冷静な状態に戻すためにエネルギーを使わざるを得ません。わたしは、自分の〝役割〟を果たすために、自分のエネルギーを100パーセント出し切りたいと思っていますから、無駄なことに貴重なエネルギーを消費したくないのです。

そのため、負の感情を呼び起こすようなものにはなるべく近づかないように、事前に注意することを心がけているというわけです。

ＳＮＳなどはその最たるもので、匿名で怒りをぶつけ、負のエネルギーを増幅し合っている投稿がたくさんあるため、できるだけ距離を置くようにしています。インターネットの情報も必要がなければ触れませんし、テレビもほとんど観なくなりました。国会中継なんて、「これはストレス製造機なのか？」と思うほど怒りしか湧いてきませんよね。

ノイズを遮断することも含め、自分の感情をコントロールすることは、みなさんの残り30年では非常に大事な要素になると見ています。

年を重ねると、どんどん怒りっぽくなっていく人と、穏やかになっていく人に二極化していく傾向が見受けられますが、一体なにがそれらを分けているのでしょうか？

それは、**「余裕」の有無**だと考えています。

では、どうしたら余裕を持つことができるのか？　答えは、**自分をいかに俯瞰して見られるかどうか**ではないでしょうか。いわゆる、**「メタ認知能力」**です。

そこで最近わたしは、**自分自身に「ご機嫌なおやじでいろよ」と言い聞かせています。**

トラブルが発生して内心ドキドキしているときや、腹を立てているとき、なるべく客観的に自分とその場の状況を捉えて、「ご機嫌でいるように見せろよ」と自分を諭しているのです。

まだその術《すべ》を完全マスターしていないので、いま努力していることのひとつです。いつも不機嫌で、「いまの若いもんは……」とぐちぐちいう大人よりも、いつもにこにこしてご機嫌なおっちゃん、おばちゃんのほうが、若い人からも「あの人いいよね」といってもらえますよね。どちらが幸せな人生になるかは、いうまでもないでしょう。

わたしがロールモデルにしているのは、笑福亭鶴瓶《しょうふくていつるべ》さん。もちろんお会いしたことはなくテレビで観た印象だけですが、相手の心のうちに入る人懐っこさだけでなく、人の話を聞くときの質問の鋭さとの共存が本当に凄い。彼を見ていると、後輩からもイジられながら、とても愛されている様子が伝わってきますよね。いろいろな人生の先輩がいますが、わたしは鶴瓶さんのような年の重ね方をしたいと思っています。

どんな状況でも〝鶴瓶的余裕〟を持っていれば、いままで見えていなかったものや、誰もが気づいていないものが見えてきそうな気がします。だからわたしは、**下を向いて余計なノイズを遮断しながらも、客観的に全体を見渡していたい**。

そして、常にご機嫌でいられるよう努力を重ねていくつもりです。

あたりまえなど
存在しない。
すべてが奇跡

世の中には、難病の子どもたちを見て、「かわいそうだ」「不運だな」と感じる人がたくさんいます。でも、わたしはそうは思いません。難病を患う当事者やその家族のみなさんは、確かに日々大変な思いをされています。でも、目の前の幸せを本当に大切にすることができる幸福な人たちでもあるからです。

「これがない」「あれができない」と捉えるのではなく、「こんなにもある」「こんなこともできる」と気づき、人間の可能性に目覚めている人たちなのです。

あるとき、屋久島からウィッシュ・バケーションに参加してくれた親御さんが、「子どもが病気にかかってつらいこともありますが、病気があるからこそ、こうしてたくさんの人にも出会うことができました。わたしたち家族の財産です」と話してくれました。続けて、**「大切なものほど、目の前にあるのですよね」**と微笑《ほほえ》まれた姿が、わたしの記憶にいつまでも残っています。

日常生活のなかでわたしたちを包み込む空気や、あたりまえに蛇口から出てくる水と同じように、大切なものほど目の前にあります。でも、あまりにあたりまえ過ぎて、そのありがたみに気づけなくなっているということなのでしょう。

ある親御さんは、「一番怖いのは夜寝るときで、一番幸せなのは朝目が覚めたときです。新しい朝が来て、目が覚めて、家族全員が揃《そろ》っていることを知れるだけで、これほど嬉しいことはありません」といわれました。

そして、**「だって、今日という日は奇跡ではないですか」**と語ってくれました。

難病を持つ子どもとその家族にとっては、まさに**毎日が奇跡の連続**なのです。

だからこそ、今日の大切さ、家族の大切さを知っている彼ら彼女らは、それに気づかずに漫然と日々を生きている人よりもよほど幸せであると感じます。**この世にはひとつとして、あたりまえなど存在しないのです。すべてが奇跡**なのです。

もちろん、親御さんたちも最初からそう思えていたわけではありません。子どもが難病だと知ったときは、みなさん本当に目の前が真っ暗になったといいます。

「でも、そこから少し冷静になって周囲を見渡してみると、我が子よりもさらに重い病気を患う子どもたちがたくさんいる事実を知りました。そんな子どもたちのことを想うとともに、あらためて我が子を見て、この子のすべてを愛そうと誓ったのです」とみなさん同様のことを話されます。「子どもが命懸けで生きているのに、自分はどうして絶望していたのかと恥ずかしくなった」という方もいたほどです。

目の前にある奇跡に気づくためには、自分に「足りないもの」を認める必要があると思います。自分にできないことを謙虚に受け入れ、それを補うためにはどのような姿勢で行動すればいいのか。そして、誰に助けを求めればいいのかも考えてみる。

その意味では、難病を患う子どもとその家族のみなさんは、「足りないもの」を冷静に見つめる力を持っている人たちだと捉えることができます。

そして、そこから逃げずに、自分たちにできることを毎日一生懸命に取り組んでいるのです。

とはいえ、決して簡単なことではありませんから、「本当に強い人たちだ」といつも感銘を受けています。応援したいと思いながら、実のところ力をもらっているのはわたしたちです。彼ら彼女らから、いつも本気で生きることの意味と価値を教えてもらっています。

自分の目の前にある奇跡に気づけるかどうかで、人生は大きく変わります。

今日を生きるという奇跡に目覚め、本気で生きることの大切さをできるだけ多くの人に伝えるためにも、わたしはこの活動に残りの人生を捧《ささ》げていきます。

第5章

感動的な冒険は人と人のあいだで生まれる

「人生」という冒険のエンディングをどのように迎えたいですか？　感動とは人と人のあいだで生まれるとわたしは考えます。そして、自らが感動する、他人に感動を与える瞬間が多いほど、冒険は幸多きものとなっていきます。最高の冒険、最高の人生を！

誰かを
むせび泣かせるほどの、
歓《よろこ》びを与える

わたしが難病の子どもとその家族を応援する活動を通じて目指しているのは、**「誰かをむせび泣かせるほどの歓び」を与える**ことです。

わたしが１９９０年にオリエンタルランド社に入社して1年後の、１９９１年4月15日から「パーティグラ・パレード」というパレードがはじまりました。当時わたしは主にパーク内の清掃を担当していましたが、目の前に10メートルほどの大きなミッキーのバルーンが突然登場したとき、周囲に集まったゲストから大歓声があがったのです。

その大歓声を聞いた瞬間、首元がぐわーっと熱くなるような、震えるほどの感動を覚えました。そして仕事中にもかかわらず、スタッフであるわたし自身がむせび泣いてしまったのです。「そのときにわたしが感じた感動と同等の、いやそれ以上の圧倒的な感動を人に与えたい」。それがいまのわたしの目標です。

東京ディズニーリゾートでは、キャラクターと写真撮影をしたり、サインをもらったりできる「キャラクターグリーティング」という時間があります。ある日、グリーティングに登場したドナルドダックが、たくさんのゲストをかき分けながら、少し離れたところにいた車椅子の70歳くらいのおじいさんのもとへ脇目も振らず近づいて行きました。

そして、ドナルドは彼にハグをすると、その後ろにいた40代くらいの女性の隣に立ち、彼女の手を高々と上げて賞賛したのです。つまりは、こういうことです。車椅子を押してくれる娘さんがいるから、お父さんがこうして東京ディズニーランドに来ることができたのだと、多くのゲストに知ってほしかったわけです。

娘さんは「どうしてわたしのところに来るの？」と最初は驚いた顔で戸惑い、手を持ち上げられて恥ずかしそうに下を向いていました。でもしばらくして、うつむいていた彼女の瞳から、大粒の涙がポタポタとこぼれ落ちたのです。

のちにその娘さんに涙の理由を伺ったところ、「親の車椅子を押しているだけのわたしに気づいて、関心を寄せてくれたことが嬉しかった」とおっしゃっていました。

その話を聞いたときも、わたしはむせび泣きました。「幸せを提供するとはこういうことか」とドナルドに教えられたと同時に、「いまのわたしにはこんな行動はできない」と密かな敗北感も味わいました。

そう、あの日のドナルドこそ、わたしの目指す姿です。

ウィッシュ・バケーションで浅草に行き、家族全員で人力車に乗ってもらうプログラムを実施したことがあります。この人力車体験をはじめた理由は、たくさんの家族を迎えてきたなかで、母親がもっとも喜ぶ瞬間は、我が子をみんなに抱っこしてもらうときだと気づいたからでした。人力車に子どもたちが乗る際は、必然的に俥夫《しゃふ》が子どもを抱っこします。そして、その様子を母親が見守ります。「大丈夫だよ。社会で関わるみんなが、あなたたちのことを見ているよ」というメッセージを伝えたかったのです。

またこのプログラムでは、俥夫が道路の反対側から「ようこそ!」「待っていたよー」と名前の書かれたボードを持って元気いっぱいに迎えます。すると、その光景を目にした子どもたちは笑顔を見せて、多くの親御さんが嬉し涙を流されます。

そして、彼ら彼女らが泣いている姿を見て、迎える側の俥夫さんたちもまた、強く心を動かされるのです。

人をむせび泣かせるためには、やはり人の心を動かすことです。それが実現できるいまの仕事に出会えたことで、わたし自身も毎日、人生で一番嬉しく、幸せで、感動的な瞬間にいると感じています。

たった一歩、
一本の指、
ひと声で、
世界は温かい
場所に変わる

ディズニーには、**人と人との交流をつくり出す「3つのGive」**という仕組みがあります。

Give your a step for picking up trash ahead.（ゴミを拾いましょう）
Give your 1 finger for taking pictures.（写真を撮ってあげましょう）
Give your a call for your happiness.（案内をしてあげましょう）

これら「3つのGive」のポイントは、**「a step（1歩）」「1 finger（1本の指）」「a call（ひと声）」**です。一つひとつの行動は難しいことではなく、むしろ簡単なことといえると思います。

そこで、東京ディズニーリゾートで働くキャストたちは、パーク内で気づけばゴミを拾い、Giveを必要としているゲストを見かけたらすぐに行動します。

東京ディズニーリゾートには案内板がほとんどないことを知っていますか？　そのためゲストは、主にパーク内を清掃しているカストーディアルキャストに道を尋ねることになりますが、そこには対面でのコミュニケーションの機会をできるだけ増やそうという意図があります。

かつてディズニー氏は、世の中において、人と人との対面でのコミュニケーションが減ってきていることを危惧していました。だからこそ、ディズニーランドをフェイス・トゥ・フェイスの交流が溢《あふ》れる、温かい場にしたいと考えたのです。

東京ディズニーリゾートはよく、「夢の国」と表現されます。それは文字通り、夢と魔法の国というファンタジックな意味とともに、わたしは、**現実社会で失われつつある「理想の世界」**という意味も含んでいると考えています。

わたしたちが運営している社会貢献型ホテル「青と碧と白と沖縄」では、車椅子利用者が多い施設にもかかわらず、あえて2階に上がる通路を階段にしました。エレベーターやスロープがあれば、車椅子利用者もひとりで移動できるでしょう。確かに、そのほうが便利です。

でも、それでは分断が進んでしまう側面があると思ったのです。そこで、助けを必要としている人がいたら、その場の人たちが互いに助け合うことを前提に設計しました。車椅子利用者がいれば周囲が手を差し伸べ、大きな荷物を持っている人がいたら運ぶのを手伝う。この場所で、**助け合い、支え合って生きることの温かさ**を伝えたかったのです。

沖縄には、「ゆいまーる（助け合う）」という言葉があります。同様に、全国各地にも農作業や屋根を葺《ふ》く作業など、人手が必要な作業は集落の人々が協力して行う「結」の精神があります。でもこの素晴らしい精神が、近年は生活スタイルや住人の構成年齢の変化などにより薄れつつあるため、このホテルのなかでは少しでもゆいまーるの精神を体験してほしいと意図したのです。

本当の幸せとは、人と人とのあいだでしか生まれないものだとわたしは考えています。

社会が効率や快適さを追求した結果、フェイス・トゥ・フェイスのコミュニケーションはどんどん減り、「ありがとう」と感謝される回数が少なくなりました。自分が必要とされていると実感できる機会も減少し、社会で孤立する人が増えている現状があります。

ハード面のバリアフリーを増やしていくことは当然ですが、それ以上に必要なのは、**困っている人に声をかけ、すぐに手助けできる心のバリアフリー**ではないでしょうか。

自分の一歩、一本の指、ひと声は、必ず誰かの役に立ちます。

そして、**たった一歩、一本の指、ひと声によって、助けたほうも助けられたほうも幸せな気持ちになり、世界はより温かい場所へと変わっていく**のだと思います。

Pass me the Salt.

わたしがはじめてボランティア活動をしたのは、37歳のときでした。それまでは、「ボランティア」という言葉が大嫌いでした。なぜなら、この言葉を最初に辞書で調べたのは中学校2年生のときでしたが、そこには「無償奉仕」と書かれていたからです。

その言葉を見たとき、「わたしには合わないな」と思いました。誰かのためになにかをする行為自体が嫌なわけでありませんが、「無償」ということに納得ができず、なにより、自分にとっての利害や名誉を無視して国家・社会・人のために尽くす（新明解国語辞典第七版）という意味である「奉仕」という言葉がしっくりこなかったのです。

そんな経緯もあり、その後もボランティア活動をずっと避けていました。

ところが、「ギブ・キッズ・ザ・ワールド」の代表であるヘンリさんの4番目の奥様・パメラさんと話をしていたことで考え方が激変します。話の成り行きから、「僕はボランティアが好きではないんですよ」と伝えると、彼女はにっこり微笑んでこういったのです。

「リキ、それほど難しく考えることではないのよ。ボランティアって、『Pass me the Salt.（お塩を取って）』に応じることなのよ」

「なにを意味しているのか、僕にはわからない」

わたしは、率直な感想を伝えます。

すると彼女は、「リキ、食事中に『お塩を取って』っていわれたら、あなたはどうする？」と問いかけました。

「もちろん、『はいよ』といって手渡すよ」

「うん、それがボランティアなの」

とはいえ、そうして説明されても意味を理解することができませんでした。怪訝な顔をしているわたしに向けて、彼女は続けます。

「あなたがいまできることを、目の前の人にすること。それがボランティアなの。無償だとか奉仕だとかはどうでもよくて、ただお塩を手渡す程度のこと。それで十分なのよ」

この彼女の言葉によって、わたしにとってのボランティアの世界が一気に広がりました。わたしは、大きな勘違いをしていたのです。

つまりそれは、１９７ページにも書いた、ディズニーの「a step（一歩）」「1 finger（一本の指）」「a call（ひと声）」とまったく同じ考え方だったのです。

かつてのわたしと同じように、多くの日本人がボランティアという行為を誤解し、勝手にハードルを上げてしまっているように感じます。それこそ、ボランティアの現場ですら、「ただ働きなのに、どうしてそんなことをしなければならないの？」と断る人を見たことがあるほどです。

でも、ボランティアはなにかを「やってあげる」行為ではなく、自分を犠牲にすることでもありません。**ただ自分がいまできることを、目の前の人に差し出すだけのこと**なのです。遠くの被災地に行くことだけがボランティアではなく、家の前の通りを掃除することだって間違いなくボランティアです。それを一人ひとりが続けていけば、社会は確実に変わっていくでしょう。

そこで、少しでも日本におけるボランティアの解釈やイメージを変えたいと思い、「東京２０２０オリンピック・パラリンピック」のボランティアの人材教育を担当したときに、**「Pass me the Salt.」**を標語として使いました。

ボランティアが大嫌いだったわたしだからこそ、説得力を持って、その真意を伝えることができると考えたのです。

五感を使って生きる

難病を患っている子どもたちに「病気が治ったらなにがしたい？」と聞くと、半数近くが「ディズニーランドに行きたい」と答えると先に述べました。「ディズニーランド」の次に多い回答は「沖縄に行きたい」です。その希望を叶えたいと思い、「難病の子どもとその家族へ夢を」が管理・運営するかたちで、沖縄に「青と碧と白と沖縄」をつくりました。沖縄の風の気持ちよさを、実際に肌身で感じてほしかったのです。

難病を患うある男の子が亡くなる直前、入院していた病院の散歩道で母親に車椅子を押してもらっている際に、**「ママ、風の音が聞こえるね」**と微笑んだそう。その母親はのちに、「あのときは病気のことで頭がいっぱいで、風の音の存在なんて、もうずっと前から忘れていました」と話してくれました。

「風の音を感じること、雨に濡《ぬ》れること、新緑を眺めること、静かな波の音を聞くこと……。本当に心が安らぐのはそういう時間ではないか」と思ったわたしは、「青と碧と白と沖縄」を建てる際、建築家の方に「風を感じることができる施設にしてほしい」とお願いした経緯がありました。

実際に施設がオープンしたのは２０２０年ですが、ちょうどその年の末から、西洋占星術の世界では、物質的な豊かさに価値を置く「土の時代」から、目に見えないものが重視される「風の時代」に変わったということも付け加えておきます。

ある研究によると、現代社会で生きる人間は、情報の約8割を目に見えるもの、つまり視覚によって得ているとされます。しかし、特に都市部で生活していると、一日中オフィスやマンションのなかにこもることもあるでしょう。すると、外で雨が降っていても気づかないこともあります。そもそも雨音だって聞こえませんし、風を感じることもないでしょう。季節の細やかな変化も認識しづらくなり、五感がどんどん衰えていくはずです。

ただ、ここで重要なのは、わたしたちの記憶はそれらの感覚と深く結びついていることです。例えば、ある音楽を耳にすれば、その曲を聴いていた当時に一瞬でタイムスリップできますし、むかしの恋人がつけていた香水の匂いを嗅げば、その人との記憶が鮮明に蘇《よみがえ》ってきます。ほかにも、わたしはなにかを学ぶときは、パソコンで入力するよりもノートに手書きで文字を書いたほうが圧倒的に覚えることができます。

このように、情報の約8割を視覚から得ているとはいえ、例えば、写真や動画などを見ただけですべてをわかった気になるのは、かなり危うい認識ではないでしょうか。

そうではなく、実際に現場に足を運び、**視覚、聴覚、嗅覚、味覚、触覚をフルに使って**

その体験を味わうことではじめて、捉える世界の解像度が増していくと思うのです。

五感で味わう体験といえば、わたしは体の奥底にドスンと入ってくるような和太鼓の響きが大好きで、難病を患う子を持った母親たちに元気になってもらいたくて、実際に母親たちが演奏する女性和太鼓奏団「ひまわりのやうに」を結成しました。その活動のなかで、和太鼓の先生から、「太鼓は叩《たた》こう、叩こうと思うと絶対にいい音は出ない」と教わりました。太鼓は「叩こう」とすると、どうしても無駄な力が入ってしまいます。綺麗な音を出そうと欲を出せば出すほどなぜか醜い音になる。では、どうすればいいかというと、**バチを「振り上げる」ことを意識すると、振り上げたバチは重力によって自然に下がり「無力」の叩きとなって、「あなたの魂の音が聞こえるようになる」**ということでした。

この「無力」という状態は、例えば、息をたくさん吸おうとしても苦しくなるだけのときに、一度、息を吐き切ってしまえば、吸うことに力を使わなくても自然と空気がたっぷり入ってくることに似ているかもしれません。

「青と碧と白と沖縄」ではモノを極限までなくしていますが、これも五感がフルに働く環境によって「無力」に近づき、誰もが心休まる場所になることを目指しているからです。

愛とは、
相手の立場に立ち
相手のために動くこと

わたしは長らく、親を超えることはその子どもにとっての目標のひとつであり、それが結果的に親孝行にもなると考えてきました。父は2022年に亡くなりましたが、父が亡くなる2日前ですら、わたしは「父を超えることができた」と傲慢にも自認していました。

父はある日、突然身体に不調を訴えてから、わずか2週間で亡くなります。わたしは入院中ずっとつき添っていたのですが、亡くなる前日、父が急に**「これまでお世話になった方たち一人ひとりに挨拶に行きたい」**といいはじめたのです。

しかし、既にベッドから起き上がれるような状態ではなく、水も自力で飲めないほど衰弱していました。そんな病状なのに、「お世話になった方に『ありがとう』を伝えに行きたい」と、消え入りそうな声でわたしに訴えたのです。それを聞いたとき、「ああ、わたしはまったく父を超えられていないんだな」と気づきました。

父はいきなり不調に襲われたので、おそらく心の準備はできていなかったはずです。それでも自分の死期を悟ったとき、美味しいものを食べたい、どこかへ行きたいという願いではなく、お世話になった人たちに「ありがとう」と伝えたいと思えるとは。なんと素晴らしい人生でしょうか。父が人生でもっとも大事にしてきたものは、父に寄り添ってくれた人たちだったのです。わたしもそうありたいと、最期に父の大きな心を見せられた気がしたのでした。

わたしは、**人生の幸福度を左右するのは、自分のために気を配ってくれる人や、「この人と一緒に動きたい」と思ってくれる人が、どれだけ周囲にいるか**だと考えています。

先に、「青と碧と白と沖縄」では、車椅子利用者が多く訪れる施設でありながら、あえてバリアフリーにしていないと書きました。それは階段を上るときに、「手伝いましょうか？」と自然に声を掛け合える場を生み出したいと考えたからです。

だからこそ、難病を患う子どもとその家族だけでなく、一般の旅行者にも多く泊まってもらい、様々な人が交わる場になればと願っています。

わたしも海外出張の際に、見知らぬ誰かがさっと扉を開けてくれたり、階段で大きな荷物を運んでいるとさりげなく手伝ってくれたりするようなことに、たくさん遭遇しました。

もちろん、日本人に人を助けたい気持ちがないわけはありません。ただ、気持ちはあっても、気恥ずかしかったり、迷惑ではないかと思ったりして、声をかけるという一歩を踏み出せないようなのです。

でも、「困ったときは手伝ってくれる人がいる」と信じて生きることができれば、社会のなかで、安心を感じながら過ごすことができますよね。「心理的安全性をつくり出す」といったそんな大袈裟なことでもなく、**人が人のために、自分が「いまできること」を与えるために動く**。ただそれだけのことで、世界はより美しく、温かい場所になるのです。

そういえば以前、「青と碧と白と沖縄」に50代後半くらいの女性がひとりで宿泊したことがありました。翌朝、いつものように手づくりの朝ごはんをお出ししたとき、彼女は突然、泣きはじめたのです。「どうされましたか？」と伺うと、「こうして料理を人につくってもらったのは、大人になってはじめてだったものだから」というではないですか。

聞くと、彼女は結婚するまで多くの苦労があり、結婚後も子育てに追われようやく子育てを終えたと思ったら、次は両親に加えて義理の両親の介護まではじまり、ずっとひとりで踏ん張って生きてきたそうです。「そんな状況が長く続いていたものだから、温かいお料理を自分のために出してもらったことがたまらなく嬉しかった」と話してくれました。

愛とは、相手の立場になって相手のために動くことだとわたしは考えています。沖縄でも大都会のど真ん中であっても、その小さな心配りを行動に移せる人が増えれば、日本はもっと愛を感じられる場所になると信じています。

いつでも「土下座」の気持ちで、すべてをやり尽くす

オリエンタルランド社に入社してすぐ、わたしはディズニー氏の考えを研究するサークルをつくりました。最大時には300人近くが集まるほど好評を博し、新人のくせに、サービス論を偉そうにキャストに語っていたというわけです。

調子に乗っていたわたしは、これまでのマニュアルを否定するかのような、オリジナルの方法をすすめはじめました。すると、あるとき先輩に呼ばれ、**「おまえはゲストに土下座できるのか？」**といわれたことがありました。

その場では、「この人は一体なにをいっているのか？」とまるで理解できませんでした。「ゲストにただ頭を下げ、ひれ伏すことが真のサービスではないだろう」とも思いました。そこで家に帰って、「土下座」の意味や由来をいろいろと調べてみたのです。すると、土下座はただ頭を下げて謝ることではなく、「首を差し出して、切るも切らないもあなたに委ねます」という意味だと知ったのでした。

要するに、先輩が伝えたかったのは、**「すべてを相手に委ねられるほど、やれることはすべてやり尽くしたのか？」**ということだったのです。

これはサービスに限らず、人生を生きる姿勢でも同様ではないでしょうか。

つまり、**本気で生きるということは、「やれることはすべてやり尽くした」と自分で思**

えることだという意味です。少しでも、「あれをやり残したな」ということがあるなら、それはやはり後悔の残る人生になるでしょう。

「すべてを出し切った」「わたしにはこれ以上はできない」と言い切れるほど本気で生きていれば、誰に対しても、堂々と「土下座」できるはずです。

試合への意気込みを聞かれたアスリートがよく、「相手にどう適応するかよりも、まず自分のできることに集中したい」と話すことがあります。「敵を知る」こと、つまり、試合であれば対戦相手のデータ分析、仕事でいえば業界のマーケティングなども必要なことではありますが、それはあくまで補足的なものに過ぎません。

それよりも大切なのは「己を知る」ことであり、自分自身ができることを「やり尽くす」ことが重要だと、多くのアスリートが考えているのではないでしょうか。この考えに、わたしはとても共感を覚えます。

試合に負けて泣いている選手を見ると、彼ら彼女らはきっとその悔しさを糧に成長していくに違いないと思う一方で、わたしは、負けたときでもすっきりとした表情を見せている選手により魅力を感じます。

自分の過去を振り返ってみても、準備の段階から１００パーセント、１２０パーセントを出し切れたときは、たとえ望んだ結果に至らずとも、悔しさより充実感に満たされていたように感じます。

逆に、いつまでも思い出すたびに悔しいときは、「あのときもっと長く練習をしておけば」「もっと積極的にプレーしていれば」などと、なにかしら心残りがあるときです。

わたしは、難病の子どもたちとその家族は、まさに自分のできることに集中し、毎日を１００パーセント、１２０パーセントの力で生きている人たちだと思っています。わたしが彼ら彼女らを応援する活動に人生を懸けてのめり込んだ理由は、まさにこの点にあるのでしょう。**毎日を精一杯、すべてを出し切って生きている姿を見て、「自分もこうありたい」と心が震える**からです。

ここで、わたしの人生を支えているひとつの詩を紹介します。

この詩は中学校2年生のときに多発性硬化症となり、33歳で旅立った笹田《ささだ》雪絵《ゆきえ》さんという方が書いたものです。今日できたことが、次の日にできなくなる。そんな状況において彼女が遺した一編の詩です。

その詩は、2023年にKindle版で刊行された、『幸せ気分』（モナ森出版《もりしゅっぱん》）に収録されています。ここでは、その詩の一部を紹介します。

『ありがとう』


私決めていることがあるの。

この目が物を映さなくなったら目に、そしてこの足が動かなくなったら足に「ありがとう」って言おうって決めてるの。

今まで見えにくい目が一生懸命見よう、見ようとしてくれて、私を喜ばせてくれたんだもん。

いっぱいいろんな物、素敵な物を見せてくれた。夜の道も暗いのにがんばってくれた。

足もそう。私のために信じられないほど歩いてくれた。一緒にいろんなところへ行った。

私を一日でも長く喜ばせようとして、目も足もがんばってくれた。なのに、見えなくなったり、歩けなくなった時、「なんでよー」なんて言ってはあんまりだと思う。

今まで弱い目・足が、どれだけ私を強く強くしてくれたか。

だからちゃんと、「ありがとう」って言うの。
大好きな目・足だから、こんなに弱いけど大好きだから、「ありがとう。もういいよ。体もうね」って言ってあげるの。

この詩を読んで、みなさんはなにを感じますか？

わたしははじめてこの詩を読んだとき、自分のことが恥ずかしく、あまりに情けなくなりました。

わたしなら、不自由な目や足や体に恨み言をいうだろうと思ったからです。

でもわたしは、彼女から、自分のできることに全力で取り組み、すべてをやり尽くせば、すべてに感謝して生きられるのだと学んだのです。

〝役割〟をつないでいこう

仮に、わたしやみなさんが１００歳まで生きられたとしても、一人ひとりにできることには限りがあります。それは、力がないという意味ではなく、織田信長《おだのぶなが》や坂本龍馬《さかもとりょうま》のような偉人であろうが、松下幸之助さんのようなビジネスで優れた人物であっても、一代でできることには限界があるという至極当然の事実です。

だからこそ重要なのは、自分自身がなにかを成し遂げることよりも、**自分がいなくなったあとでも、その〝役割〟が誰かの手によって続いていくこと**だと思います。

織田信長は天下統一の道半ばで倒れましたが、その志は、家臣であった豊臣秀吉《とよとみひでよし》や徳川《とくがわ》家康《いえやす》に受け継がれていきました。坂本龍馬が暗殺されたのちも、彼の新しい国家建設のビジョンは明治新政府に受け継がれ、近代日本の礎を築いていきました。

古代中国の秦《しん》の始皇帝《しこうてい》は、一代で天下統一という大偉業をやってのけましたが、彼が没したわずか４年後に秦は滅亡してしまいます。理由は様々でしょうが、後継者の育成に失敗したことが要因のひとつだといわれています。ただし、秦が行った政策や築いた制度は、その後の歴代王朝に受け継がれていきました。

松下幸之助さんは、創業した松下電気器具製作所《まつしたでんききぐせいさくしょ》（現パナソニック ホールディングス株式会《かぶしきがい》社《しゃ》）を世界的企業に成長させただけでなく、未来のリーダーを育成するために「松下政経塾」を設立し、後進の人材育成に尽力しました。同塾は政治家や企業経営者、起業家や教育者、研究者などあらゆる分野のリーダーを輩出しています。

先述のように、わたしは自分の〝役割〟を果たすために一日一日を本気で取り組んでいますが、「難病の子どもとその家族へ夢を」を立ち上げてからのここまでで、ウィッシュ・バケーションに招待できた家族は約３００組。このペースで残り30年活動を続けたとしても、きっと１０００組くらいの家族を応援することしかできません。

わたしが人生を懸けて取り組むこの活動が一代で終わってしまったら、あまりに悲しい。ですから、**わたしがいなくなっても、１００年、２００年と続けられる仕組みをつくることが重要**なのです。

そのためには、やはり仲間を増やして、後継者を育てることが不可欠です。若い頃のわたしはいつもガツガツしていて、ギブ&テイクのテイクばかり考えるような人間でした。でも、年とともに、**大切なものを「与える」ことが重要**だと考えられるようになったのです。与えることで、いまある仕事や地位を失うことに不安を覚えるかもしれません。でも、もっとも大事なことは、自分が大切にしている活動が末長く続くことのはずです。そのためには、組織が常に若々しい状態で保たれなければいけません。

ポジションを与え、チャンスを与え、考えや行動指針を与えていく。

なにかを決めるとき、代表のわたしが鶴のひと声で決断したほうがものごとは早く進みますが、それでもあえて黙って、なるべくスタッフたちに考える機会を与えるようにしています。薄々失敗しそうな予感があるときでも、あえて失敗を体験する機会をつくるのです。

この「待つ」という姿勢は、わたしのこれからの30年でひとつのテーマになるでしょう。会議を1分でも早く終わらせようとするほどせっかちな性格のわたしにとっては非常に忍耐が必要ですが、人生の修行だと考えて取り組んでいます。

人に教えることで、わたし自身も大きく成長できます。

ともに動く仲間が〝役割〟を自覚し、笑顔で働いてくれることも、わたしにとってかけがえのない宝物なのです。

冒険を続ける
エネルギーは、
応援してくれる
仲間が
与えてくれる

トム・クルーズが主演した映画『ラスト サムライ』のラストシーンで、トム・クルーズ演じるオールグレン大尉が明治天皇《めいじてんのう》に謁見した際、渡辺謙《わたなべけん》演じる最後の武士・勝元《かつもと》がどのような最期を遂げたのか問われます。それに対して彼は、「どう死んだかではなく、どう生きたのかをお話しします」と応じます。わたしはそのシーンがとても好きです。結果ではなく、プロセスを大事にして一日一日を生きるというメッセージだと感じたからです。

どんなことでも、望む結果を出すために取り組むのは大前提です。最初から負けるために戦う人はいません。しかし、例えばオリンピック競技でも、金メダルを取るのはひとり（一組・一チーム）だけであり、どれほど努力しても成功し続けることはできません。

それを踏まえると、**たとえ結果が出なくても、そのプロセスにおいて全力を尽くしたといえるのならば、それは自分にとっての勝利**といえるのではないでしょうか。いい加減なプロセスを経てたまたま得た勝利よりも、死力を尽くした果ての敗戦のほうが得られるものは確実に多いはずです。

わたしは、**人生とはプロセスそのもの**だと思っています。

「こんな偉大なことを成し遂げたのだ！」と過去に自分が獲得したトロフィーを自慢するおじいさんよりも、「今日友だちが遊びに来てくれて、たまらなく嬉しかったよ」と一つひとつの人生のプロセスを味わっているおじいさんのほうに魅力を感じるし、自分もそうでありたいと思います。

「したい人、10000人。始める人、100人。続ける人、1人」

これは作家・中谷彰宏《なかたにあきひろ》さんの言葉です。

本書は、みなさんが「したい」と思えるなにかに出会えるように、また、やりたいことはあっても「はじめる」勇気がない人の背中を押し、ひとりでも今日から行動に踏み出してくれれば、という思いで書いています。ただ、はじめることも簡単ではありませんが、さらにそれを「続ける」ことができるのは1万人にひとりに過ぎません。これは、あくまでも中谷さんならではの表現ですが、どんなにやる気があっても、人間はいつか飽きてしまう生き物です。

自分だけのために頑張り続けるのは本当に難しい。だからこそ、〝役割〟を分かち合える仲間を持つことが大切なのです。

若い頃は、まだ自分のことで精一杯で、多くの人が自分のためだけに生きています。けれど、自分を満足させることに終わりはなく、新鮮だったことにもだんだん慣れていき、楽しさが減少していきます。そんなとき、世のため人のためになにかしら背負うものがあると人は強くなれるし、それを続けていくモチベーションにもなるでしょう。

わたしがそう考えるようになったきっかけは、やはりサッカーでした。はじめた頃は、自分がうまくなることだけがモチベーションでした。でも、試合中はまさに、自分のためだけに苦しい時間帯を乗り越えることはかなり難しい。それよりも、応援してくれる家族や仲間、ベンチにいる選手やコーチのために勝ちたいと思えるようになると、試合の終盤で「あと一歩」の力を振り絞れるようになります。

仕事でも、もし自分のためだけに闘っていたら、心が折れていたであろう瞬間が何度もありました。でも、あの子を笑顔にしたい、あの家族を幸せにしたいと思うからこそ、苦しいことも乗り越えることができました。

その意味では、**自分の〝役割〟を応援してくれる人を増やすことが、続けるためのモチベーション**になります。「こんなに助けてもらっているのに、大切な人の信頼を裏切ることはできない」と思うと、力が湧いてくるはずです。

「早く行きたければひとりで、遠くへ行きたいならみんなで行け」という言葉がありますが、続けるためには、志を同じにする仲間の存在が欠かせないのです。

お金持ちではなく、リッチになる

アメリカの「ギブ・キッズ・ザ・ワールド」でボランティアをしていたとき、当時ボランティア歴15年以上のベテランだったベスさんに、「リキ、わたしって、とってもリッチなのよ！」と語りかけられたことがあります。

いきなりの〝告白〟に驚いて、思わず彼女の身なりを上から下まで見てしまったのですが、ブランド物のバッグも持っていなければ、高価な時計も身に着けていません。すると、「どのあたりが金持ちなのかな？」というわたしの疑問を見透かすように、彼女は**「お金の話じゃないのよ。リッチってここにあるんだから」といって胸をトントンと指した**のです。そのときの彼女の誇らしげな表情が、いまも鮮やかに脳裏に焼きついています。

サッカー好きには知られている逸話ですが、イングランド・プレミアリーグに加盟するリヴァプールFCに所属していたセネガル代表のサディオ・マネ選手が、画面の割れたスマートフォンを使っていることが話題になりました。「何十億という年俸を得ていながら、どうしてそんなボロボロのスマートフォンを使っているのか？」と問われると、彼は自分が子どもの頃に貧しくて学校に行けず、裸足でサッカーをしていたことを述べます。そして、このような趣旨のことを答えたのです。

「フェラーリ10台、ダイヤモンドつきの腕時計20個、あるいは自家用ジェット機2機……。これらのものがわたしと世界にとって、どのような役に立つのでしょう。それよりも、母国に学校や病院を建てて、教科書や食料を送りたい。人生がわたしに与えてくれたものを、母国の人々に受け取ってもらいたいのです」

フェラーリに乗ったり、ブランド品を身に着けたりすることが幸せだという人を否定するつもりはありません。ただ、人間の欲望には際限がないのです。フェラーリを手に入れても、しばらくするともっと値が張る高級車が欲しくなる。人間とはそういう生き物です。なにを隠そう、わたしがそうでした。似合わないイタリア製のスーツを着て、意気揚々と街を闊歩《かっぽ》していた時期もありました。自分を大きく見せて、人からチヤホヤされたかったのでしょう。かつてのわたしは承認欲求の塊で、まさに「他人軸」で生きていました。

それに比べて、マネ選手のかっこよさといったら。わたしは、ベスさんとマネ選手のふたりから、自分にとっての贅沢《ぜいたく》の定義や幸せなお金の使い方の定義をあらためて学びました。自分にとっての贅沢を定義できていれば、他人の目は気にならなくなります。そして、どんな瞬間に自分が幸せを感じるのかを定義できていれば、持っているお金の多寡だけで幸福度が上がったり下がったりもしないでしょう。

わたしの経験からも、**自分にとっての贅沢や、幸せなお金の使い方を入り口にして、自分の軸を再定義する**ことをおすすめします。

あなたは、どんなときに心が温かくなりますか？

「幸せだなあ」と思わず口から出るのはどんなときですか？

わたしは、夜にもかかわらず電気をつけずに１００円ショップで買ったろうそくをひとつ灯してお風呂に浸《つ》かるときが至福の時間です。そして、沖縄のビーチでTシャツ、短パン姿になり、２匹の犬と戯れているときも最高に心が安らぎます。大好きな同志と食事をしたり、ビールで乾杯できたりすることがなにより贅沢だと感じます。贅沢は、創意工夫次第でいくらでも実現できるのです。むしろ最近は、費やしたお金と幸せは反比例しているように思えるほどです。

定義した「幸せ」が、時間を経て変わっても構いません。重要なのは、自分の心を見つめ直してみることにあります。残り30年の時間に、他人の目を気にし、他人からの賞賛を求めてふらふらと彷徨っていることがなによりもったいないことだと思うのです。

冒険の醍醐味《だいごみ》は、自分とまったく異なる価値観に出会うこと

沖縄で仕事をするようになって驚いたのは、ほとんどの人が車のクラクションを鳴らさないことでした。信号が青になり発車しない車がいたとしても、クラクションで急《せ》かすことなく静かに待っているのです。せっかちなわたしには、ちょっと信じられない光景です。

クラクションを鳴らすというのは、相手に危険を知らせる行為ですが、場面によっては相手に警告する行為でもあります。つまり、そのときの自分の感情や考えを他人に押しつけているわけです。そうして**他人を変えようとするから、イライラしたり文句をいったり、ものごとが思った通りにいかないことに悩んでしまう**のです。よく、「人生のほとんどの悩みは人間関係の悩みだ」といわれるのは、そんなことも関係するのでしょう。

でも、他人を変えることなんてできないと理解し、納得することができれば、そんなおこがましいことはなから考えないようになります。

自分の考えに反対されると、その瞬間は誰でも腹が立つと思います。でも、冷静になれば、それは新しい考え方を知るチャンスともいえるでしょう。**怒りをいったん脇に置いて、相手の立場になり、「なぜ相手はこういう意見に至ったのだろうか」と想像し、考えてみる。**

すると、これまでの自分とは異なる角度から、ものごとを考えられるようになります。

人間関係が思い通りにならないとき、よく「裏切られた」と相手を批判する人もいますよね。これも、相手が裏切ったという一面的な見方ではなく、自分が相手の理想像を勝手につくり上げ、期待し過ぎていただけだと見ることもできます。相手に怒りをぶつけてもなにも解決しませんから、むしろその人の新たな一面を知ったと捉えればいいわけです。

これらの力は、184ページに書いた「メタ認知能力」といえますが、これを鍛えるには、**できるだけ意識的に、自分とまったく異なる価値観や文化と出会うこと**です。これは、冒険の醍醐味にも通じています。

家に引きこもってスマートフォンばかり眺めていると、自身が好ましいと思う情報ばかりが選択的に提示されて、自分と異なる意見や多様な情報などに触れる機会がどんどん失われていきます。そんな状態を避けるには、やはり自分の殻から出て、意識的に違う考え方や、異文化に触れてみることが必要です。

最初は理解できないことが多く戸惑うかもしれませんが、ノーリスク・ノーリターンだと思って、勇気を持って外の世界へ出ていきましょう。きっと、自分を成長させる体験や出会いがたくさんあるはずです。

学びの対象は、異なる価値観や文化に限りません。例えば、わたしが仕事を終えて帰宅すると、ペットの犬がまるで１００年ぶりに会ったかのように大喜びして迎えてくれます。そして夜になると、わたしのところへ寄ってきてお腹を見せて甘えるのです。わたしはどうにも甘えられない性分なので、「こんなふうに甘えられたら楽なんだろうなあ」と、犬から人生を学ぶこともあります。

あるいは、沖縄にはナナフシという枝のように細い虫がいますが、一日中ずっと同じ場所にいるので、その姿を見ると「忍耐力があるなあ」とつくづく感心してしまいます。

ほかにも、わたしはゴリラが大好きなのですが、ゴリラは子どもが生まれて1年ほどは一緒にいて命懸けで子どもを守るものの、その後は一転して、厳しく当たるようになるそうです。そんな親子像を知ると、自分の子育てについても考えさせられます。

つまり、**学ぶべきものは既に目の前にたくさんあり、そうした一つひとつの体験を大事にするかどうかで、人生はよくも悪くも大きく変わっていく**のです。

そこで、残り30年は、できるだけ価値観や文化の違う人たちと交じり合いながら生きていき、そこで得られる学びをあなたの人生を支える土台にしていきましょう。そのすべての体験を貪欲に吸収しながら、ぜひ自分の世界を広げていってください。

命尽きる
最期の
30秒が幸せなら、
それは最高の人生だ！

わたしの人生の目標は、死の間際の30秒が幸せの絶頂であることです。

これからの残り30年でひとりでも多くの人をむせび泣かせ、**最期は自分自身に向かって、「いい人生でよかったね」とむせび泣きながら死んでいきたい**のです。

心理学者・行動経済学者のダニエル・カーネマンによって提唱された「ピーク・エンドの法則」によると、人は自分の過去の経験を、感情がもっとも昂《たかぶ》った「ピーク時」と、締めくくりの「エンド時」の記憶だけで判定し、全体の印象を決定づけるとされています。

いまが人生の「ピーク」だと感じる瞬間は、みなさんにもいろいろとあったことでしょう。大きな仕事を成し遂げたときかもしれないし、女性であれば出産したときかもしれません。「わたしの人生のピークはいまだ！」という人もいるかもしれません。いずれにせよ、その記憶は深く心に刻まれています。

しかし、この「ピーク時」以上に記憶に残るとされるのが、「エンド時」です。

ディズニー映画は、すべてがハッピーエンドで終わります。主人公がどんなに貧しくても、どんなに苦しい環境にいても、最後は幸せな笑顔で幕が閉じられます。

東京ディズニーリゾートもまた、ピーク・エンドの法則を活かしたテーマパークです。各アトラクションの出口には必ずショップがありますが、これは商売上手ということではなく、「楽しかった」「嬉しかった」という気持ちや体験を、お土産というかたちに変えて持って帰ってもらうためです。そうすれば、家のなかのぬいぐるみやキーホルダーを目にするたびに楽しかったあの日を思い出し、幸せな時間を長く感じてもらえるでしょう。

駐車場のキャストの教育に力を入れているのも、一日の最後を締めくくるのは彼ら彼女の使命だからです。その印象が悪ければ、どんなに素晴らしいパレードを見ても、アトラクションを楽しんでも、ゲストは悪い印象を持ち帰ってしまいます。

同じように、この本を手に取ってくださった、残り30年を考えはじめたみなさんにも、ぜひこれから素敵なエンディングをつくっていくことを意識してほしいと思います。

人生の最期の30秒を考えることは、「いま、ここ」からの生き方を決めることに直結しています。

「もし生まれ変われるとしたら、どのように生きたいですか？」と聞かれても、わたしはもう一度生まれ変わりたいとは思いません。**「いまの、この人生で十分」。それくらいの気持ちで一日一日を全力で積み重ねて生きているので、ほかの人生はいらない**のです。だって、もう十分に幸せですからね。

ただ、十分満足はしていますが、まだまだやりたいことはあります。素敵な終着点に向けて、もっともっと多くの仲間と出会い、与えられた〝役割〟を果たすために成長し、全力で生きていきたい。

みなさんは、命が尽きようとする最期の30秒をどのように迎えますか?

いま頭に浮かんだその30秒間のシーンに向かって、「いま、ここ」から歩きはじめましょう。

あなたがイメージできることは、必ず実現できます。

たった一度だけの、たったひとつだけの命を、最後の最後まで使い切ってください。

そして死ぬ間際に、「幸せだったな」「みんな、ありがとう」ということができたならば、その道程でなにが起きたとしても、それは間違いなく最高の人生だと思うのです。

おわりに　悔いなき残り30年に、幸あれ

最後まで本書を読んでくださり、ありがとうございました。

残り30年の冒険に出る準備と、その覚悟がきっとできたと思います。

もしかしたら、「そんなこともう知っているよ」という内容もあったかもしれませんし、逆に「考えていたことと180度違った」という話もあったかもしれません。

いずれにせよ、本書にも書きましたが、知っていることと実際に行動することには雲泥の差があります。だからこそ、みなさんには、ぜひ現場へ行って、「いま、ここ」から実践してほしいと思います。

行動に移さなければ、せっかくこの本を読んでくださった意味がなくなってしまいます。どの項目を参考にしてもいいので、ひとつでもふたつでも、はじめてみてください。

最後にマハトマ・ガンジーの言葉をみなさんに贈りたいと思います。

「明日死ぬと思って生きなさい。永遠に生きると思って学びなさい」

ここまで偉そうにいろいろと書いてきました。

当然ですが、わたしもいま目の前の人から学び、考え、ときに迷い、自問自答を繰り返しながら、現時点でベストだと信じる道を全力で走っているところです。

仕事上の困難や問題、自分の健康状態、子育てや親の介護など、残り30年の冒険の途上には、決して楽しいことばかりではなく、艱難《かんなん》辛苦が待ち受けていることでしょう。

それでも、ここからの残り30年が、わたしは人生で一番面白いはずだと信じています。

ほら、「残り物には福がある」というではありませんか。

悔いのない人生を生きるならば、最後にはきっと福が待っている。

みなさんの残り30年が、幸多きことを！

２０２５年３月

大住力